Robert Rousse

Trois fois rien pour un va-tout

Les Presses Du Midi

121 avenue d'Orient - 83100 Toulon
Tél. : 04 94 16 90 20 - Fax : 04 94 16 90 29
ISBN : 2-87867-096-5

À mon père et à ma mère qui ont trimé pour me sortir de la misère, à tous mes maîtres à penser et mes professeurs qui m'ont enseigné le travail et la fierté d'homme, à mon épouse qui accepta les tâches ingrates d'une grande famille, pour me libérer l'esprit des rudes astreintes d'un métier responsable.

PRÉFACE

"Nous avons assez étudié le monde,
il est tant de le changer"
(Hegel).

L'homme aime jouer. Il dépense dix fois le budget de la culture au Loto, au Millionnaire, au tiercé et à tous les jeux qu'invente l'État comme superimpôt, chaque joueur espérant toujours le gros lot qui le comblera. Parfois, sur une simple machine à sous, une ménagère empoche cinq millions avec trois petites pièces de dix francs, et ce leurre suffit pour que des millions de perdants croient encore à leur chance. Aux jeux des casinos, certains entêtés pensent pouvoir forcer le hasard en flambant toute leur fortune.

On dit que c'est un "va-tout".

C'est la dernière mise où l'on engage tout ce qui nous reste. La chance se moque bien de ces faux espoirs, on ne la domestique pas !

Notre naissance est aussi un jeu, avec une plus ou moins bonne fortune. Après elle, toutefois, ce que nous pensons être notre libre arbitre nous autorise à faire certains choix. Des petits "riens" pourront alors changer la donne du "tout au tout" sans pour autant faire que le hasard s'écarte du déroulement jusqu'au "va-tout" dans lequel, à la mort, nous laissons tout pour ne conserver rien.

Certains, qui veulent encore jouer, vous diront avec Pascal que l'on peut espérer gagner quelque chose dans un "Tout autre" ou un "Tout ailleurs", le dernier pari ne serait pas plus risqué, ce que l'on ne saurait dire puisque aucun gagnant, ou perdant, n'en revint.

Lorsque nous aurons connu, à la dernière heure, tous les méandres de la course, aurons-nous au moins cherché à comprendre si le jeu en valait la chandelle et s'il avait un sens, hormis les plaisirs du jeu ?

Bien peu d'humains semblent vouloir comprendre et beaucoup préfèrent l'ignorer.

Peut-être, sans le savoir, se privent-ils de leur raison d'être et restent-ils des marionnettes ?

Or, dans leur vie sociale et culturelle, où les pouvoirs humains peuvent entrer de plus en plus en conflit avec la nature sur un "pourquoi pas ?" prométhéen, ces hommes savent-ils que tous "les petits riens" de leurs choix peuvent avoir un jour des effets aussi tragiques que celui du papillon qui déclenchera un cyclone deux ans plus tard ?

Dans une conjecture rendue de plus en plus complexe par le savoir de certains hommes, les masses doivent-elles laisser le pouvoir des choix à ces hommes, en refusant d'être éclairées sur les conséquences possibles de leurs actes ?

Cela demande aux hommes de bonne volonté, un esprit en alerte, qui refuse les compromis et les a priori, pour une connaissance critique objective, afin d'éviter d'être un jour les "risque-tout" de notre va-tout.

En démocratie, peut-être plus qu'ailleurs, le choix fait par les masses n'est-il pas ce choix des pouvoirs pour le meilleur et pour le pire ?

L'HOMME

"Hélas, ai-je pensé, malgré ce grand nom d'Hommes,
Que j'ai honte de nous, débiles que nous sommes !"
(Vigny - La mort du loup).

"En un seul point (de la vie) l'obstacle a été forcé,
l'impulsion a passé librement. C'est cette liberté
qu'enregistre la forme humaine."
"Partout ailleurs que chez l'homme, la conscience s'est vue
acculé à une impasse ; avec l'homme
seul elle a poursuivi son chemin."
(Bergson - Évolution créatrice).

"De chaque sommet de conscience où il est parvenu
le monde ne redescendra plus…
La matière échapperait plutôt à la gravité qu'une
âme à la présence de l'Univers."
(Teilhard de Chardin - Comment je crois).

"The man who begins with certainties, he will end in doubts.
But the man who begins in doubts will end in certainties."
(Francis Bacon)

Rien n'est plus difficile que de parler de l'homme, cet être pensant, dernier venu de la vie animale qui n'a que sa seule conscience dans le Tout.

De ce Tout que l'on nomme l'Univers, la matière constitue l'élément primordial dans le Temps et l'Espace, tandis que la vie apparut bien plus tard et que l'homme vint il y a peu.

Alors, pourquoi parler de l'Homme avant le Tout ?

Parce que rien de ce que l'on ne saurait dire du Tout ne peut être conscient autrement que par l'homme seul, puisque aucun autre esprit que l'esprit humain n'est, objectivement, venu le contredire d'un Tout ailleurs.

Comment dès lors l'homme ne devrait-il pas rester modeste devant ce dont il est conscient, lorsqu'il aperçoit sa place entre deux infinis bien autrement vertigineux que ceux entrevus par Pascal ?

Limité aux treize cents cm^3 de son cerveau, à la faiblesse de ses sens pour détecter les ondes visuelles ou sonores du Tout, et connaissant les bornes de ses propres forces, il ne peut concevoir qu'en relevant le défi qu'il se voit imposer, pour imaginer les moyens complémentaires de son industrie et appréhender les deux infinis hors de ses domaines sensibles.

Dernière créature de l'évolution vitale, son problème n'est-il pas de parvenir à mesurer et à comprendre ces espaces infinis entre lesquels il vit sur une minuscule planète perdue dans le grand Tout.

De ces infinis, il apprendra à écrire les chiffres avec vingt-sept zéros devant la virgule, ou dix puissance vingt-sept pour le diamètre de l'Univers, et douze chiffres derrière la virgule, ou dix puissance moins treize pour le diamètre de l'électron.

Mais, direz-vous, comme les trois quarts des hommes, à quoi cela sert-il de connaître ces dimensions du monde où nous vivons entre naissance et mort, où nous avons été mis sans que rien ne fût en notre pouvoir ou notre décision, et dont nous ignorons quel peut être le sens ?

La connaissance pourra-t-elle nous éclairer un jour sur ces mystères quand ce qui nous importe le plus reste le va-tout, cette irréversible heure de notre mort, où tout ce que la vie nous a donné nous sera repris pour nourrir la vie.

Funeste énigme !

Cependant, l'homme peut apporter, au cours de son séjour sur terre, ces petits riens qui modifient dans le temps, parfois du tout au tout, son avenir.

L'homme peut ainsi imaginer, agir, créer, dans les limites des lois déterminantes, en sachant que les incertitudes de l'indéterminisme lui permettent de telles actions, dans les frontières de ses propres moyens et de son intelligence.

Ce sont ces limites, quelles que soient la hauteur et la pertinence du savoir, qui appellent toujours à la modestie.

Qui peut avoir et peut justifier l'orgueil prométhéen prétendant, comme Protagoras, que "l'homme est à la mesure de toute chose", et qui peut assurer l'homme qu'il n'est d'esprit que sur la Terre ?

Pourquoi notre planète serait-elle unique à porter la conscience de l'Univers avec l'homme, alors que des milliards d'autres planètes gravitent autour d'autres soleils dans le Tout, obéissant aux mêmes lois physiques et chimiques et que, statistiquement, leur multiplicité devrait pouvoir offrir au hasard les mêmes chances qui furent favorables pour amorcer la vie ?

Quel moyen aurions-nous de pouvoir communiquer avec de tels êtres dans le temps s'il s'est déjà passé une dizaine d'années de lumière, ou de parsecs, depuis que nous avons vraiment pu commencer à créer de telles communications, alors que notre galaxie n'est pas la seule et contient cent milliards d'étoiles qu'il faut cent mille parsecs pour traverser ?

Nous aurions à supposer qu'il existe quelque part dans l'Univers des planètes où la vie serait née avant celle de la Terre, et dont l'évolution vitale plus rapide aurait permis des êtres supérieurs, dont les messages seraient partis suffisamment tôt pour franchir les années de lumière qui nous séparent.

Encore faudrait-il rappeler que, l'univers étant en expansion, les galaxies s'écartent les unes des autres de plus en plus rapidement, ce qui rend toujours plus improbable la communication.

Je ne partage donc pas la pensée de Jean d'Ormesson dans "Presque rien sur presque tout", lorsqu'il dit que "Dieu s'étant fait homme", il régnera... après demain sur la galaxie", ce qui paraît déjà une belle utopie.

Ne prenons pas des vessies pour des lanternes.

Dire que l'apparition de la vie sur terre il y a 4 milliards d'années et la naissance de l'homme il y a seulement un million d'années, constituent l'événement, unique et le plus important, depuis l'origine du Tout il y a 15 milliards d'années, reste à prouver.

Ajouter "qu'il n'y a pas d'autre esprit dans le Tout que celui de l'Homme" est un résidu anthropocentrique, visant à laisser à l'homme cette royauté sur la Création qu'il proclame lui-même, seul et sans parchemin.

C'est cette royauté qui, dans la longue nuit des siècles d'ignorance et l'approche iconolâtre du monothéisme, conduisit la religion chrétienne à imaginer un dieu créant l'homme à sa propre image.

Anthropocentrisme prométhéen qui imprégna tout le langage occidental et anglo-saxon, ce qui nous oblige à remettre en cause le signifié du verbe sans lequel nous ne pourrions traduire l'appréhension de notre Univers et en communiquer la connaissance.

Anthropocentrisme enfin, qui n'a pas évolué pour celui qui ignore dieu, puisqu'il n'hésite pas à se proclamer dieu lui-même, et qu'il n'a d'autres outils de traduction de ses pensées que le langage forgé par des croyants.

Or, il n'y a pas d'esprit sans verbe pour traduire la conscience du Tout, et le meilleur savant ne peut divulguer sa science que dans le langage commun. C'est ce que Paul exprimait en disant :

"Je ne peux vous parler que comme à des charnels".

Ainsi, les mots ne sont jamais neutres, et l'anglais George Steiner, dans un très beau livre "Réelles présences", nous explique que : "... le signifié est toujours en excès sur le signifiant".

C'est par l'esprit ayant donné une conscience à l'homme que, selon la pensée de Teilhard, ".. la flèche humaine a percé les limites de l'expérimental", et que "de chaque sommet de conscience où il est parvenu, le monde ne redescendra pas".

Mais c'est parce que, dans cette montée du conscient, les craintes de l'animal dans le Tout primordial, que sont les terreurs de la vie en butte aux fléaux naturels de l'eau, du feu, de l'éclair, des fauves et de la mort, n'ont jamais été totalement effacées chez l'homme que par une réification du conscient, il reste un être superstitieux attribuant à des êtres supérieurs qu'il ignore les joies et les peines, les heurs et malheurs de son existence.

C'est par ce qu'ils ont accrédité ainsi dans leur conscience que des millions d'hommes ont été l'objet de superstitions accommodées par tous les prophètes, gourous, marabouts, sorciers ou astrologues qui peuplent toujours la planète pour mystifier l'humanité.

On comprend mieux alors toute la difficulté à modifier la conscience de l'histoire du monde chez l'homme pour lui apprendre sa propre histoire, avec un langage aux racines mythiques qui voulait lui faire admettre un Tout autre et un Tout ailleurs.

Un jour que le grand Michelet ouvrait un cours au Collège de France sur la philosophie de l'Histoire, il débuta devant son auditoire surpris par le récit d'une rencontre qu'il venait de faire au jardin du Luxembourg, avec un enfant de trois ans qui tenait un ballon rouge.

L'enfant riait et le ballon lui échappa, montant droit dans l'air libre.

Et Michelet racontait que la foule à l'entour regardait, tous les visages levés vers ce point rouge qui se perdait au ciel.

Alors, dans le silence de l'amphithéâtre où l'on attendait la péroraison de ce discours, Michelet reprit :

"Dans les regards de cette foule vers un point perdu de l'espace, il y avait toute l'aspiration profonde, éternelle de l'humanité vers l'infini.

Condamnée à la boue, elle aspire à l'éther ! Elle voudrait monter, monter comme ce ballon d'enfant vers la liberté et vers le ciel !"

C'est parce que la connaissance vient briser les mythes de l'esprit dans la conscience façonnée par plusieurs millénaires, qu'il est si difficile de ramener l'homme à sa place réelle entre les deux infinis.

C'est peut-être aussi parce que l'homme ne sera jamais que sa propre bouée de sauvetage dans le grand océan du Tout, que je place la venue de l'homme avant celle des animaux, comme l'erreur historique de la Genèse. (Voir Genèse 2,15 - 2,22 - Deuxième récit de la Création).

On pourrait résumer ce chapitre par la pensée de Blaise Pascal :

"Qu'est-ce que l'Homme dans la nature ? Un milieu entre rien et tout".

On peut ajouter à cette remarque un autre motif d'humilité à caractère plus social pour l'homme.

Quels que soient les êtres humains qui vivent en notre temps sur la Terre, il est un fait certain, c'est qu'il leur a fallu avoir chacun un couple d'ancêtres sur notre boule ronde à l'âge de l'homme de Néanderthal.

Que vous soyez un grand ou un petit de ce monde, roi ou président, duc ou roturier, riche ou chômeur, rien n'empêchera de penser qu'un ancêtre de l'un a pu tabasser ou même occire l'ancêtre de l'autre, ou qu'une de vos jolies ancêtres a pu être violée par l'ancêtre de votre voisin sans qu'il eût appartenu, pour autant, à votre propre ligne généalogique.

En y réfléchissant, voilà qui peut rabattre la superbe à bien des orgueils !

LE VERBE

"Il semble que la parole soit la seule prédestination de l'homme et qu'il ait été créé pour enfanter des pensées comme l'arbre pour enfanter des fruits."
Lamartine - (Graziella)

"Car le mot c'est le verbe, et le verbe c'est Dieu."
Victor Hugo - (Contemplations)

"Nous nous exprimons nécessairement par des mots, et nous pensons le plus souvent dans l'espace. En d'autres termes, le langage exige que nous établissions entre nos idées les mêmes distinctions nettes et précises, la même discontinuité qu'entre les objets matériels."
Bergson - (Les données immédiates de la conscience)

Comme Lamartine nous pouvons dire que, dans le règne animal, l'évolution de la vie n'a accordé la parole qu'à l'homme, sans que rien en cette vérité n'apporte une raison de penser que ce don soit exogène.

Mais faut-il conclure pour autant que la parole est née pour enfanter des pensées, ou bien que la pensée est née pour enfanter des paroles ?

Que la pensée ait été présente avant la parole qui en est la faculté d'expression et de transmission semble assez évident, mais à quel moment de l'évolution animale faut-il situer la pensée ?

Ne mettons pas la charrue devant les bœufs !

Penser exige l'existence d'une mémoire, c'est un enchaînement suggestif à partir d'une idée, confrontant des images sensitives du présent à des images mémorisées du passé.

Cela, le chien, le cheval, les primates et tous les animaux supérieurs le font.

Même les Insectes ou les Arachnidés ont une mémoire et acceptent un acquis, sinon comment l'abeille bâtirait-elle la géométrie de ses alvéoles, et comment l'araignée tendrait-elle une toile au dessin si régulier, entre les branches d'un arbre, sur des câbles jetés à des distances telles qu'à l'échelle humaine, elles atteindraient plus de cent mètres ?

Refuser cette hypothèse reviendrait à admettre la notion cartésienne des instincts animaux, selon laquelle l'animal n'obéirait qu'à une impulsion puissante d'apport inné, ce qui ne veut pas dire exogène mais génétique, comme les fonctions cardiaques ou respiratoires, qui serait désir, aspiration. Ainsi des instincts de conservation, ou maternel et sexuel, qui sont partagés par l'homme, et cela en omettant la part d'action qui en est la mise en œuvre et le savoir-faire.

N'est-ce pas Pascal lui-même qui a écrit :

"Si un animal faisait par l'esprit ce qu'il fait par instinct, et qu'il parlât par esprit ce qu'il parle par instinct pour la chasse et pour avertir ses camarades que la proie est trouvée et perdue, il parlerait bien aussi pour des choses qu'il a plus d'affection".

La confusion relative à l'instinct provient des scories métaphysiques inscrites dans le sens du mot "instinct" qui désigne deux choses différentes : l'impulsion naturelle et l'action du savoir-faire, nous dit Claparède dans "l'intelligence animale".

C'est en réservant le premier sens pour l'unique part de ce qu'elle appelait "les animaux" que la religion a voulu entendre le seul don offert par Dieu à l'homme en associant biologiquement l'histoire de la pensée et de la parole.

Rien aujourd'hui ne semble plus faux.

Ce résidu métaphysique empoisonne notre langage dans quantité de mots qu'il faut bien utiliser pour communiquer. C'est le cas des vocables : "verbe, esprit, âme, conscience, spiritualité", etc., qui rendent si complexe la compréhension de l'environnement et qui font que les hommes, pris dans un flot d'images visuelles ou sonores, incapables de les appréhender, ne reconnaissent plus rien, restant partagés entre la paresse intellectuelle et le désir de connaissance.

La pensée existant avant l'homme, on est en droit d'admettre que sa transmission, devenue intensivement possible entre les hommes, devait agrandir rapidement le champ des pensées et conduire à l'élargissement des mémoires, facilitant ainsi la compréhension du monde par l'association des meilleures pensées.

Il ne pouvait y avoir qu'auto-alimentation du domaine des connaissances, avec une sorte de réverbération des idées dans le conscient des hommes.

L'écriture, en venant construire une alphabétique de la phonétique du langage, permettait de conserver dans le temps des messages d'idées sur des supports matériels de plus ou moins grande longévité.

On remarquera que ces supports matériels peuvent aussi bien être vivants, comme c'est le cas des neurones du cerveau, ce qui pose le problème de la mort.

Il en est résulté, très tôt, une adéquation probable du système neuronal, faisant qu'aujourd'hui chacun est conscient que les pensées ne se dissocient plus dans notre cerveau de l'alphabétique des mots.

Les mots sont devenus des "grains" de pensée, avec cette différence que, si notre mémoire a trouvé leur support matériel dans les neurones, la vie a organisé ce support en circuit ouvert vers l'extérieur de notre être, avec tous les capteurs sensoriels : vue, ouïe, toucher, thermesthésie, goût, odeur.

Mieux encore ! La vie a organisé ce support mémorial ouvert avec des interconnexions informatiques, capables d'ordonner les manifestations de notre esprit.

Le cerveau de l'homme est ainsi devenu l'ordinateur de l'esprit. L'informatique n'est donc pas une invention de l'homme qui a copié la nature, car “elle est la seule qui ne pose pas de questions de brevets”, écrivait Louis Armand.

Alors ces mots dont l'écriture a plus de cinq mille ans dans les systèmes hiéroglyphiques des écritures idéographiques, et plus de trois mille ans avec les systèmes alphabétiques, ces mots qui durent traverser toute la période évolutive de l'esprit, que valent-ils aujourd'hui ?

Pouvons-nous nous en servir sans les dépoussiérer ?

Les mots ont tout envahi dans la Noosphère chère à Teilhard de Chardin.

Cette “nappe pensante” qui après avoir germé au tertiaire finissant “hors et au-dessus de la Biosphère”, Teilhard la voyait s'intégrer dans une pensée unique du monde.

Est-ce bien le cas, et cela serait-il souhaitable ?

Après avoir envahi des livres si nombreux que les rayons des plus grandes bibliothèques emplissaient leurs caves et leurs greniers, voici que cette nappe de l'esprit court en lumière sur des câbles optiques, qu'elle franchit le cosmos et déborde en ondes hertziennes porteuses d'images et de sons, pour prendre l'Univers à témoin. Voici même que les mots deviennent si encombrants qu'on les comprime à l'échelle moléculaire pour les mettre en conserve sur des disquettes et des disques.

Les mots sont d'ailleurs devenus si embarrassants que l'on n'écrit plus, et qu'aujourd'hui Madame de Sévigné elle-même téléphonerait ; ce que font nos enfants. Dans cette prolifération, la qualité vaut-elle la quantité, et l'esprit continue-t-il à être cette “flèche humaine” qui monte toujours plus vers des sommets irréversibles ?

Rien n'est moins certain ?

Combien y a-t-il de vrai et de faux dans cette nappe pensante ? La vérité du jour est sans cesse relativisée, et la science, en créant chaque fois un cadre plus large de la vision du monde, se contente de ramener toujours plus la vision ancienne à l'échelle humaine, dans l'espace et le temps. Ainsi d'Einstein par rapport à Newton, et de la génétique moléculaire par rapport à Darwin.

Mais l'ennui avec les mots, c'est qu'ils appartiennent à tous les hommes, et même aux imposteurs.

Que ce soit la Bible ou le Coran, le "Discours de la méthode" de Descartes "inutile et incertain", ou "Le Capital" de Karl Marx, le domaine des idées a toujours été envahi par les imposteurs.

L'erreur se colporte d'autant plus facilement que les médias, monopolisant la communication, deviennent multimédias, avec les réseaux hertziens réverbérés par les lunes artificielles de tous les satellites peuplant la banlieue de la Terre.

Comme les mots, les messages médiatiques ne sont pas neutres, ils ont une valeur publicitaire et sont à la solde des marchands. Ce sont les quotas d'audition ou de vente qui priment, le nombre et non la qualité des auditeurs ou des lecteurs.

Et comme la curiosité des masses s'intéresse plus à l'immédiateté de l'information, les médias n'hésitent plus à vous dire que "penser est un luxe", rejoignant la remarque de Henri Bergson estimant que :

"Nous parlons plus que nous ne pensons".

Ainsi, le mot "média" devient lui-même une imposture, puisque c'est de "l'immédiat" dont nous sommes informés.

Quand à la vérité ou l'erreur du message médiatique, le public profane dispose rarement d'un appareil critique suffisant, et il n'a pour sa défense que sa propre culture morale et scientifique.

Comme on cultive davantage dans ces messages la satisfaction des besoins de l'homme, psychologiques et matériels, il ne faut plus s'étonner d'y trouver davantage de sexe, d'illusions mythiques, d'irrationnel ou de rêve, que de démarche scientifique qui ne fait pas l'audimat. Voilà pourquoi, puisque nous ne pouvons nous passer des mots pour penser, il faut d'abord en rechercher le sens propre et les sens figurés. Entre la réalité et le mythe, il faut sortir du rêve.

La culture écrite du monde antique méditerranéen a formé notre conscience entre le "mythos" et le "logos".

Prenons quelques exemples, et d'abord le "verbe" lui-même.

L'étymologie latine "verbum", qui veut dire parole, offre un premier sens mythique quand on l'écrit avec une majuscule, il a le sens théologique chrétien de "parole de Dieu", ou même il personnifie Dieu fait homme, dans le Christ. Ce n'est qu'en troisième acception que le "verbe", dans nos dictionnaires, devient le mot qui exprime une action, un état, un devenir.

Le vers de Hugo montre combien le premier sens reste ancré dans la conscience des hommes. La conceptualisation de Dieu avant la Création ne peut être que métaphysique, et c'est un mythe.

Il en va de même pour "l'esprit" dont l'origine, "spiritus", a pour sens "le souffle" et donne naissance à toute une série de dérivés tels que : spirituel, spiritualité, spiritualisme, tous à connotation mystique. Cela est évident au sens premier du terme qui est "le souffle envoyé par Dieu", le "principe conférant la vie" qui "tire l'âme des lieux où souffle l'esprit", nous dit Barrès.

La parole écrite dans la Bible n'est d'ailleurs pas sans ambiguïté sur le mot quant au don divin du souffle qui serait réservé à l'homme, lorsque dans un très beau texte, l'Ecclésiaste nous livre cette pensée :

"Qui sait si le souffle des fils de l'homme monte en haut et si le souffle des bêtes descend en bas vers la terre ?" (Eccl. 3,7 -, 3)

Que peut-on tirer d'un tel logos qui stagne encore dans les messages actuels quand Malraux écrivait :

"Le XXIe siècle sera "spirituel" ou ne sera pas", ce que certains traduisirent par : "sera religieux" ou même "sera chrétien" !

L'esprit, qui pouvait sembler ne pas appartenir au monde sensible, était du domaine divin : il était don de Dieu, comme "l'âme" avec laquelle il reste en autonymie. La connotation scientifique n'a pu venir qu'après toutes les découvertes biologiques sur le cerveau en démontrant qu'il n'existe pas d'esprit sans matière. "Je ne connais pas d'esprit pur ni d'œuvre d'esprit pur" disait, à propos du spiritualisme, E. Renan à Louis Pasteur, lors de la réception de ce dernier à l'Académie française.

Enfin, il est assez amusant de constater que du mot "esprit" puisse avoir pour dérivé "spiritueux" qui désigne des liqueurs fortes.

Un jour que je déjeunais avec des amis italiens dans un célèbre restaurant de la Via de Cerretani, face au Baptistère à Florence, je remarquais une grande vitrine où le restaurateur présentait les autographes et les messages des plus grands écrivains d'après 45.

L'un d'eux attira mon attention, parce qu'il était signé d'un philosophe allemand et que son message était écrit en français.

Henri de Keyserling, qui écrivit "L'Angoisse du monde" et fut emprisonné par Hitler, avait laissé une page d'humour sur l'envahissement de l'Europe par "l'American way of life", en un rapprochement de "l'esprit du vin" latin et rabelaisien, et "l'esprit de vin" des anglo-saxons buveurs de whisky !

Décidément les mots ont besoin d'un sérieux toilettage pour être pris au sérieux ! Alors examinons la question de plus près.

EXPLIQUER - COMPRENDRE
LA RÉVOLUTION DU MOT

"Que cela nous plaise ou non, nous sommes tous immergés dans un âge où les produits de la science nous affrontent, nous pouvons les détester, nous pouvons trembler devant eux, nous pouvons les chérir quand ils nous apportent l'allégement de la souffrance ou la protection de la mort, mais la seule chose que nous ne puissions faire, c'est de les bannir.
Ainsi tout "citoyen" sera-t-il bien avisé de comprendre à la fois la science et les savants, à tout le moins aussi bien qu'il le pourra ?"
James Bryant Conant
(La science et le sens commun)

L'histoire et la compréhension de l'Univers n'ayant que les mots comme instruments de communication, les rapports entre "mythos" et "logos", entre magie et science en société contemporaine montrent combien, d'Empédocle à nos jours, même pour les grands savants et philosophes, la coexistence reste durable entre le mysticisme et la science.

Cela est mis en évidence dans une étude de Llyod G.E.R. sur les mentalités dans "Demystifying mentalities", (Cambridge University press 1990), qui dénonce les comportements déviants de la science suivant les idéologies dominantes.

Il en est ainsi dans le courant puritain anglo-saxon faisant un retour aux thèses créationnistes contre l'évolutionnisme.

De telles constatations augurent mal d'une compréhension objective.

Alors que faut-il entendre par "Expliquer ou appréhender et comprendre" ?

De "comprehendere" qui signifie "saisir", appréhender veut dire "saisir par l'esprit" ou "comprendre". C'est embrasser par la pensée et contenir, double sens que Pascal nous donne dans ses Pensées en disant :

"Par l'espace, l'Univers me comprend et m'engloutit, par la pensée je le comprends."

Le deuxième sens est prendre par l'intelligence, relier le flot des images visuelles et sonores reçues, dont nous sommes submergés, en un système cohérent avec la somme des images mémorisées individuellement.

Ce qui explique la remarque de Mme de Staël sur la mémoire et l'esprit :

"L'enfant dont l'esprit n'est pas au niveau de sa mémoire retiendra ce qu'il n'entend pas, et cette habitude dispose à l'erreur".

Ceci s'applique aussi bien aux adultes.

Dans cette conjecture, comprendre devient un acte beaucoup plus modeste que les projections cartésiennes où la magie des mots fait un amalgame entre l'essence et les propriétés des choses.

On a dit qu'il n'y avait plus à comprendre ou ne pas comprendre, mais seulement un degré plus ou moins profond de compréhension.

"Le produit de l'étendue de nos connaissances par la profondeur de celles-ci est la mesure même de l'intelligence de l'homme", écrit Abraham Moles (L'Ère atomique).

Reste alors à savoir dans quelle mesure les mots qui eurent leurs sources et furent si longtemps soumis aux mentalités mystiques dominantes ont pu, et peuvent encore, interférer sur la part discursive de la démarche de l'homme, en considération de sa compréhension des faits dans la conscience qu'il en a.

Or, il apparaît que la légitimité du mot en matière linguistique n'est remise en cause qu'à la fin du XIXe siècle.

L'emploi des mots nous dit George Steiner, fut “un acte de confiance qui garantissait la substance linguistique et discursive de notre expérience occidentale hébraïco-attique...”. Cette instauration de la confiance s'opérait entre le mot et le monde.

“Ce n'est qu'à la lumière de cette confiance que pouvait exister une histoire du sens qui est, en contrepartie, un sens de l'histoire” (Réelles présences).

Si, avec les grands sophistes du temps de Périclès, chers à Jacqueline de Romilly, le scepticisme philosophique est né bien plus tôt puisqu'il fit condamner Socrate, celui-ci ne mettait jamais en doute la validité des instruments linguistiques. Et pour cause, le scepticisme étant lui-même alors, lié au contrat du langage.

Curieusement, ce sont les littéraires eux-mêmes qui lancèrent le défi et plus spécialement les poètes, qui déclenchèrent les problèmes de valeur, d'interprétation et de déconstruction du langage.

L'impureté du mot, dénoncée par Mallarmé, fait du langage un champ d'absences. Sa relation soi-disant autistique avec la réalité du Monde, met en doute la plus grande partie de l'œuvre littéraire et prend ici un sens philosophique qu'il convient peut-être de tempérer.

La prétention du poète à atteindre l'Absolu, en confirmant l'impuissance à “l'insaisissable ouverture” et l'inadéquation de la révélation à l'idéal, dénoncent le besoin d'une explication orphique du Tout qui témoigne d'une angoisse métaphysique.

Cela exclurait-il l'explication du monde objectif sous prétexte d'un mensonge foncier du langage ?

N'est-ce pas précisément cette recherche d'absolu que la science écarte, refusant toute hypothèse qui ne peut accepter un contrôle expérimental ?

Le postulat rimbaldien est beaucoup plus sérieux lorsqu'il dit : “Je est un autre”.

Il condamne la tautologie du “Buisson ardent” : “Je suis celui qui suis”.

C'est le refus que le logos puisse arguer de cette possibilité théologique.

Rimbaud déconstruit le moi en un "je" anonyme, qui ne peut agir et reste intransitif, tout en conservant un moi de connaissance qui redevient transitif en disant : "Je sais les cieux". C'est dans cette distinction que Rimbaud accepte les mots thématiques que le moi transitif relie aux mots objets pour matérialiser le paysage poétique.

On a fait la remarque d'une certaine congruence entre cette crise linguistique de l'incertitude du verbe face à l'absolu, et les révélations de la science qui nous apprennent que c'est l'échelle qui crée la réalité sensible. Si l'échelle change, l'objet change également avec un degré d'incertitude dans le domaine non perceptible (Incertitude de Helsenberg).

Alors, faudrait-il entendre la Sprachkritik de Krauss d'avant la Grande Guerre qui, prémonitoirement, voyait avec les sciences et les techniques dominantes du XXe siècle, le désengagement des mots que l'ère atomique, la dynamique moléculaire biologique ou les états spatio-temporels des structures galaxiques, rendent "inaccessibles" à l'homme de lettres, et seulement ouvertes à "l'homme des nombres" ?

Cela serait-il exact sous le prétexte qu'à l'âge des ordinateurs, selon le professeur Jean Vague, dans "L'Aurore sur le gué du Iaboc", nous serions restés "à l'âge où l'homme comptait avec des cailloux", les petits cailloux du mot latin "calculus" nous ayant depuis fourni le mot "calcul" ?

Cette constatation concernant la plus grande partie de l'Humanité n'atteint-elle pas aussi les savants et les littéraires lorsqu'ils veulent prétendre à l'Absolu ?

George Steiner accuse dans ce débat les "épigones universitaires" impliqués dans le mode déconstructionniste, et notamment tous les grands courants idéologiques : marxiste, freudien, heideggerien, nihiliste, qui sont, par principe, en répudiation des théologies et de la métaphysique.

Jusqu'ici, le postulat "Au commencement était le Verbe" restait comme garantie de l'extériorité primordiale de l'esprit. Le déconstructionnisme refuse ce commencement, dont le concept affirme la prééminence d'une présence.

"Comment puis-je être, alors qu'existe un autre?" nous dit Goethe, tandis que Nietzche affirme : "Comment existerais-je si Dieu existe ?"

Alors, entre le monde des idées et la "réminiscence platonicienne", "la logique transcendante de Kant", le "moi" cartésien ou "l'être heideggerien", est-il nécessaire de trouver la présence de Dieu dans la relation du verbe au monde, alors que le mot n'est plus seulement considéré comme présence mais comme fonction ?

Reprenons l'exemple du mot de Mallarmé, "la fleur", qu'il dénonce parce qu'il n'a ni forme, ni couleur, ni odeur et qu'il n'a aucune existence vraie puisqu'il est "hors du bouquet".

Tout homme instruit saura au moins que le vocable fleur désigne, pour un ensemble de plantes, la partie qui porte les organes reproducteurs, souvent odorants et agrémentés de vives couleurs. C'est un mot thématique, comportant des différences avec les autres mots concrets, qui le rendent fonctionnel en lui donnant un rôle réfléchi d'élément dans un ensemble.

Le lecteur un peu mieux instruit, sans être botaniste, saura que la fleur comporte des sépales, des pétales souvent colorés, un pistil avec un ovaire, et des étamines. Sa pensée y associera même des mots concrets dont les images lui permettront, s'il est artiste, de dessiner de mémoire une rose, un iris, un pétunia ou les tournesols de Van Gogh. Ce n'est pas "l'absence du bouquet" qui caractérise le mot fleur, c'est la différence plus ou moins riche de sa fonction avec celle des autres mots dans la pensée du locuteur.

Alors qu'importe la remarque du poète ici, l'important n'est-il pas de disposer d'un verbe capable de reconstruire le monde dans l'esprit ?

Quant à chercher la finalité du Tout, cela n'est pas scientifique mais philosophique, et introduire alors une hypothèse métaphysique sort de l'objectivité, ce qui ne signifie pas que le Tout ne puisse poser, hors du concret, des questions de valeurs.

Le problème du verbe étant de communiquer, de faire comprendre, pour élargir la connaissance de l'homme, son usage pour expliquer aura un rôle du signifié qui dépendra de la culture du récepteur tandis que le rôle de son signifiant ne sera pas pour autant négligeable.

Dans la mesure même où ce signifiant pourra contenir en sa construction une information significative ou mnémonique, le signifié sera valorisé. Or le verbe appartient à deux domaines que l'on peut classer en "déjà dit" et en "jamais dit", l'accroissement exponentiel de la connaissance exigeant de plus en plus la création du jamais dit avec les sciences.

Dans une intervention sur "Langage et poésie" à la vingtième biennale de la Langue française (Tours 1985), Robert Jouanny présentait le poète "comme le mieux placé pour nous inviter à déterminer les relations entre les deux domaines du "déjà dit" et du "jamais dit". La pensée de Mallarmé selon laquelle la poésie est faite de mots et non d'idées est sous-jacente à cette affirmation.

Or la science qui fait appel au jamais dit est matérialiste, elle exige les idées avant les mots et, en allant plus loin, pour elle le "jamais dit" ne se confond pas avec "l'indicible" puisque, tout au contraire, elle prétend dire ce qui n'était pas dit de la réalité dans le concret.

Seuls de rares poètes à l'esprit scientifique ont voulu chercher de nouveaux moyens d'expression du côté des sciences abstraites : Roubaud dans "Epsilon" ou Valéry dans le "Cimetière marin" avec le cruel "Zénon d'Élée".

Mais il faut bien reconnaître que, dans la plupart des commissions de terminologie qui explorent le "jamais dit", on découvre souvent plus de littéraires s'attachant moins à la formalisation qu'à l'esthétique, et qui prospectent plus le déjà dit de la langue naturelle ou des langues étrangères qu'ils ne construisent de mots nouveaux.

Il faut rencontrer un savant comme Lavoisier, qui sortit de "l'alchimie" la science nouvelle de la "chimie", pour trouver une formalisation scientifique des signifiants du verbe. Les nomenclatures de chimie minérale ou organique en sont les exemples remarquables avec les constructions du "jamais dit", dont le seul signifiant des mots permet par les préfixes et la désinence de formuler la composition.

Le chlore en chimie de Berthollet est plus simple que "l'acide marin déphlogistiqué" de l'ancienne alchimie, tandis que la "soude" devient carbonate de sodium, ce qui est explicite.

Hélas, comme avec le soldat romain ignare qui tua Archimède sans connaître ses travaux, Lavoisier fut guillotiné par des conventionnels tout aussi ignorants. La culture est moins rapide que l'élargissement du domaine de la connaissance.

Il reste que le verbe n'exprime pas tout et que l'homme a besoin de mesurer, de compter dans son commerce avec les autres, toutes opérations qui, après les compteurs de cailloux, ont utilisé avec l'écriture d'autres symboles qui furent les nombres.

Reprenant la critique de Krauss, si la science n'a pu progresser sans les calculs, et si ces derniers sont inaccessibles avec le seul verbe, il faut bien tenir compte de l'usage des nombres dans la communication.

Il n'y a pas d'explications sans mathématiques.

LES MATHÉMATIQUES

"Il n'y a plus désormais de traité sur la physique qui ne soit avant tout un traité de mathématiques."
P.A.M. Dirac

"D'une façon générale, la Science a été considérée comme un objet à part et n'a pas été intégrée dans notre culture."
James Bryant Conant

La notion de "nombre" est la forme fondamentale des mathématiques et elle a acquis une signification de plus en plus riche et complexe, dont la première fut la prise de conscience de son indépendance avec le monde sensible.

"Les langages primitifs trahissaient l'impossibilité de concevoir les nombres pour eux-mêmes ; seules les désinences faisant corps avec le nom des objets indiquaient leur nombre" (R. Taton - "Histoire du calcul").

Je me souviens qu'un jour, ayant à effectuer une manœuvre nocturne avec des chars, j'avais posté sur le parcours une jeune recrue pour compter les chars à leur passage et m'aviser quand tous seraient passés.

Ce soldat m'avait alors dit, fort gêné : "Mon lieutenant, je ne sais pas compter !"

Diable ! J'ai pris alors douze petits cailloux au bord de la route en lui disant :

"Prends ceci. Jette un caillou au passage de chaque char, et viens me trouver quand tu n'en auras plus."

Il vint me dire plus tard tout heureux :

"Ils sont tous passés !"

Mon chasseur avait parfaitement abstrait ses douze cailloux de nos douze chars.

La première application du nombre était donc de mesurer des quantités d'objets matériels ou de grandeurs immatérielles : dimensions géométriques, temps, marchandises, monnaies, etc.

La numération qui permet une distinction facile des nombres par l'écriture, et verbalement en leur donnant un nom, est obtenue par une structuration qui les divise en paquets de chiffres avec une base dont la plus familière est notre base décimale.

Les premiers tâtonnements ne sont pas oubliés pour autant, par exemple avec la base 60 (Babylone) qui se retrouve dans la mesure des angles, ou la base 12 duodécimale (grecque), qui se retrouve dans la mesure du temps.

La toute dernière, la base binaire, qui n'a plus que deux chiffres 0 et 1, est à la source du calcul électronique.

Pour cette numération, la création du zéro par les Arabes fut une simplification capitale dans le système décimal. Le zéro est le rien absolu, sans valeur physique, à partir duquel peut commencer le tout sans limite immatérielle dans l'infini. Le zéro est toujours un point de départ dans l'espace ou le temps.

La notion de nombre, indépendante du monde extérieur et en dehors de ses nécessités, fait des mathématiques un exercice pur de l'esprit sur des relations abstraites n'entraînant pas de contradictions.

Sans doute ces définitions furent-elles primitivement "suggérées par des analogies avec la réalité" (E. Borel - "La définition en mathématiques"). Ces analogies ne tardèrent pas à trouver un regain d'intérêt avec les phénomènes du monde matériel lorsque ces derniers intéressèrent la curiosité des mathématiciens.

Comme pour toute origine des activités de l'esprit humain, l'absolu et l'irréfutabilité du raisonnement abstrait en exercices mathématiques conduisirent très tôt à conférer une valeur mystique aux nombres, depuis les sociétés primitives jusqu'au Moyen Âge, avec les mythologies, les religions, l'alchimie ou la cabale.

On y chercha un principe universel et une signification occulte où s'ouvrît une véritable arithmomancie.

La philosophie médiévale s'enrichit de cette inspiration, et Thierry de Chartres au XIIe siècle considérait que les quatre disciplines essentielles étaient : l'arithmétique, la géométrie, l'astronomie et la musique (quadrivium). Il est intéressant de remarquer aujourd'hui combien ces arts restent étroitement liés aux mathématiques.

Thierry alla jusqu'à écrire : "créer les nombres c'est créer les choses".

Toutes les grandes applications pratiques des mathématiques au monde extérieur n'ont vraiment pris leur essor qu'à la fin du XVIIIe siècle.

Sophie Germaine, la remarquable mathématicienne autodidacte, amie de Gauss et de J.-B. Fournier, fut éprise des purs mystères des nombres, notamment des nombres premiers qui, augmentés de 2, restent premiers. Intéressée alors par les expériences de physique de Chladni sur les plaques vibrantes, avec la congruence existant entre la musique et les mathématiques, Sophie Germaine entreprit une véritable théorie mathématique des courbes nodales sur les surfaces élastiques qui lui valut un prix à l'Académie.

Cette application des mathématiques à un phénomène vibratoire sensible dans tout l'Univers se rattache par les sons à la musique et on la retrouve dans une même géométrie de courbes, des "japses" du silex, de la malachite, de la blende, à toutes les pierres nobles qui datent de la naissance du monde. Comment dès lors ne pas vouloir chercher à comprendre ces ellipses, ces hyperboles, ces ocelles dessinées sous les pulsions telluriques d'un monde en gésine, avec toutes "les récurrences dérobées" si poétiquement décrites par Roger Caillois dans "Le Champ des signes" ?

L'ingéniosité d'un Chladni, nous dit-il, avait ainsi contraint la nature inerte : "à faire apparaître les courbes complexes, que le développement de la géométrie conçut ensuite, et qui répondent à de strictes exigences mathématiques, sans que leur définition soit issue des échantillons minéralogiques où, depuis les origines, elles demeuraient enfouies".

Ces phénomènes d'harmonie naturelle étaient déjà reconnus par les Grecs, et Platon dans son Timée, en démontrant la seule existence possible de cinq polyèdres réguliers inscrits dans la sphère (tétraèdre, cube ou hexaèdre, octaèdre, dodécaèdre et icosaèdre), avait déjà déduit la construction des trois figures élémentaires : triangle, carré et pentagone inscrits dans un cercle, en traitant la circonférence de ce cercle comme une corde vibrante partagée selon les intervalles harmoniques de la tierce, la quarte et la quinte de la gamme musicale.

Kepler avait étendu ces intervalles harmoniques, avec une bonne approximation en astronomie, pour les valeurs des orbites planétaires du système solaire.

Sans aller trop loin dans le merveilleux et la mise en équation d'une harmonie universelle par extrapolation jusqu'aux processus du vivant, bien connus des anmonites ou des escargots avec la spirale d'or de la croissance organique, nous ne pouvons nous écarter de la profonde satisfaction qu'éprouve le mathématicien, en constatant que les courbes les plus harmonieuses de ses calculs étaient inscrites dans l'Univers au tréfonds des âges, comme elles étaient en puissance dans la croissance organique et dans l'esprit de l'homme.

L'explosion mathématique commença vraiment au XIXe siècle et il ne peut être question ici de résumer tout le chemin parcouru depuis.

Mais, devant les équations d'Einstein ou celle de P.A.M. Dirac, avec les réalités de la bombe atomique ou de l'antimatière, sommes-nous si loin de la pensée de Thierry de Chartres : "créer les nombres c'est créer les choses" ?

Il est peut-être regrettable que l'enseignement des mathématiques ait pris dans les dernières décennies une tournure si hermétique qu'elle parût réservée aux seuls adeptes. Il en est résulté un découragement des débutants et même une incompréhension entre générations.

L'exemplaire leçon des dialogues de Platon entre Socrate et l'esclave de Ménon, où le maître conduit son élève à trouver lui-même la solution en répondant aux questions posées, montre la dérive de l'enseignement. Certes, la question n'a plus cours. Mais entre les deux définitions suivantes de la droite, ne peut-on se demander quelle est celle qui conduira le mieux un élève de quatrième à s'enthousiasmer pour la découverte de la géométrie ?

- La droite ne se définit pas. Elle possède deux propriétés fondamentales.

1 - C'est le plus court chemin d'un point à un autre.

2 - On ne peut mener qu'une seule droite entre deux points quelconques.

et, (cours mathématiques de 4e) :

"Par définition, une droite affine Δ est un ensemble E d'une famille φ de bijections de E sur R tel que :

- Pour tout élément de φ et pour toute couple (a, b) de $R^* \chi R$, l'application définie par g (M) = af (M) + b appartient aussi à φ.

- Réciproquement, si f1 et f2 sont deux éléments quelconques de φ, il existe une couple (a, b) appartenant à $R^* \chi R$ telle que f2 (M) = af1 (M) + b. L'ensemble E est appelé le support de la droite affine Δ, un élément M. de E est appelé un point de la droite affine Δ."

On mesure ici toute la différence entre le concret et l'abstrait, le verbal et le mathématique, encore que la part verbale de la deuxième explication exige l'apport complexe d'un vocabulaire spécifique qui n'entre pas dans le vocabulaire quotidien.

Bien mieux encore, ces deux explications supposent que nous restions dans notre condition sensible humaine d'un monde euclidien, en ignorant les géométries non euclidiennes hyperboliques ou elliptiques de Gauss et de Riemann.

Pourtant, le navigateur marin ou aérien sait bien qu'il n'existe pas de plus court chemin entre deux escales sur la terre, mais le seul chemin le “moins long”, compte tenu de la convexité du globe. La route du navigateur est alors l’arc de cercle du rayon de la sphère passant par les deux escales.

En pratique, le marin prendra une droite entre les escales sur le planisphère Mercator, ce qui correspond à une courbe loxodromique faisant un angle constant avec les méridiens du globe terrestre.

Ces remarques, qui récusent la géométrie euclidienne, sont généralisées avec la théorie de la relativité généralisée d’Einstein montrant que le plus court chemin d’un point à un autre n’est pas une droite, mais une courbe dans un univers déformé par les masses qui l’occupent. C’est parce que l’homme est perdu entre les deux infinis que ces déformations ne sont pas sensibles à son échelle. La route des navigateurs en est un exemple, le chemin le plus court étant celui qui répond le mieux aux caractéristiques non euclidiennes du monde dans lequel nous vivons.

Ce raccourci au travers des mathématiques montre à la fois leur importance et leur difficulté pour la compréhension du monde.

On pourrait aller plus loin, et certains ne s’en sont pas privés, pour mettre en doute les mathématiques face à leurs applications au monde physique.

La relativité, que nous dénonçons entre l’homme et les deux infinis, conduit à réviser le passage de l’abstrait au concret, du vrai au faux.

Ainsi, dans le concret, 2 + 2 ne feront jamais 4

Deux pommes et deux pommes n’en feront pas quatre identiques ; elles auront des poids et des volumes différents dès que l’on voudra pousser la précision des mesures. De même le zéro absolu reste une vue de l’esprit et, dans le concret, on ne réalise pas le vide absolu, ni le zéro de température absolue (- 273,16 degrés centigrades).

On fait également remarquer, selon les théorèmes de Gödel, que tout système axiomatique non contradictoire ne peut pas former un système complet, car sa logique interne fait référence à un postulat que la non-contradiction interdit de prouver dans le système.

Lorsque G. Steiner nous dit ainsi : “Il n’est pas de système mental qui, considérant la conscience et la réalité, ne fasse pas au moins un saut dans l’obscurité (l’a priori) de l’indémontrable”, devons-nous conclure à la similitude des démarches scientifique et métaphysique, par l’argument d’une transcendance qui présuppose une “présence” ?

Ceci paraît beaucoup plus indécidable.

En quoi le fait qu’une axiomatique conduise à des équations qui ont permis Hiroshima, autoriserait-il l’argument “d’une transcendance qui présuppose une présence”. Si le mot “transcendance” est débarrassé de ses scories religieuses, il désigne au sens propre ce qui s’élève au-dessus de la conscience commune.

En dehors de l’approfondissement des lois de l’Univers, est-ce suffisant pour faire un autre présupposé de l’existence d’un maître d’œuvre ?

Si “la science ne pense pas”, selon Heidegger, elle n’admet que ce qui reçoit un accord concret ; l’homme qui “pense” est souvent beaucoup moins objectif, surtout lorsqu’il est dépourvu d’esprit critique.

Essayons d’examiner ce que nous pouvons percevoir et comprendre du grand Tout, au travers de la communication verbale ou mathématique que nous en recevons, pour mesurer la nature et la validité de notre connaissance.

LA CONNAISSANCE ERRATIQUE

"Car c'est manquer de formation (apaideusia) que de ne pas distinguer ce dont il faut et ce dont il ne faut pas chercher démonstration."
Aristote (Métaphysique - Livre gamma)

"Pour bien savoir les choses, il faut savoir le détail, et comme il est presque infini, nos connaissances sont toujours superficielles et imparfaites."
La Rochefoucauld (Maximes - 106)

Le rapprochement de ces deux pensées montre, s'il en était besoin, toute l'évolution de la connaissance dans l'esprit humain en vingt siècles d'histoire de l'homme.

On a voulu épiloguer sur la pensée d'Aristote quant au sens du mot "apaideusia" qui connoterait "une indécence de l'esprit ou de l'entendement", que G. Steiner traduit par ce dont il ne faut pas chercher la démonstration, comme étant du domaine théologique ou métaphysique. Cette acception, qui conduit à imposer des limites au vérifiable par la logique et l'expérimentation, n'est plus acceptable.

L'homme est en droit de chercher et de n'accepter que tout ce qu'il peut vérifier, sous peine de voir contester son libre-arbitre.

La maxime de La Rochefoucauld reste plus que jamais valable et elle traduit les vraies limites du vérifiable qui sont celles de l'infini du détail, et qui tracent les frontières d'une connaissance globale et plus encore absolue.

Cette maxime répond enfin à l'idée moderne de la connaissance scientifique considérée comme n'étant jamais révolutionnaire, mais dont l'évolution revient à comprendre que tout problème se traduit seulement dans un cadre plus large que celui du passé.

Il en fut ainsi de l'espace newtonien, considéré comme système de référence absolu, et que Einstein fut conduit à relativiser pour traduire tous les mouvements dans un cadre élargi.

Ces remarques conduisent à limiter les prétentions humaines à la connaissance globale du grand Tout.

La connaissance de l'Univers requiert donc un acquis culturel minimal, une lutte contre la paresse intellectuelle, et un effort critique d'appréhension au travers du flot d'images et d'interprétations construites par l'esprit humain.

Le fait que nous n'ayons pas d'autres moyens de connaissance exige une grande prudence dans le choix de l'information pour approcher de façon critique la vérité que nous savons toujours inachevée.

Il en résulte qu'il faudra toujours privilégier ce qui, dans le monde sensible, apparaît évident, comme il en va des traces irréfutables retrouvées de l'histoire du Monde, ouvertes à l'homme par les grandes découvertes paléontologiques, archéologiques et anthropologiques.

Il y faut abandonner tous les dogmatismes et les a priori, en se disant que la connaissance de ce qui est faux à l'évidence est déjà une part de vérité.

Le fait qu'aujourd'hui, la complexité grandissante des mathématiques et l'effort d'assimilation qu'elles exigent, conduisent, par défaut, la plus grande majorité des jeunes universitaires à s'orienter vers des disciplines verbales, littérature, sociologie, droit, psychologie, politique, illustre le renoncement aux raisonnements abstraits des sciences mathématiques, les seules capables de la démonstration aristotélicienne.

Est-ce là une faillite de l'enseignement comparativement aux disciplines recherchées par les hommes les plus instruits du Moyen Âge ? Sans doute la connaissance de cette époque pouvait-elle alors être contenue en entier dans un cerveau humain, et l'on y pratiquait une véritable dichotomie du vrai et du faux ; le vrai étant tout ce qui n'était pas en contradiction avec les vérités acquises dans un monde de Parménide.

C'était plus un plébiscite ou le credo d'une majorité de croyances qu'une certitude.

Raison de plus pour ne pas persévérer.

Aujourd'hui, la science excède nos capacités individuelles. Elle fait émerger les "phénomènes" et repose sur une connaissance statistique. Elle cherche à établir des corrélations.

À la connaissance ordonnée, raisonnable du Monde, elle a substitué une connaissance erratique, d'un monde aléatoire où le hasard garde ses droits.

Face au monde informulé, le savant cherche ainsi une attitude de non-contradiction en des domaines limitatifs de la science.

Il cherche un juste milieu entre des oppositions : abstrait et concret, verbal et mathématique, analyse et synthèse, intuitif et déductif, etc.

La recherche d'une cohérence n'est pas exclue et Einstein l'a cherchée, sans la trouver, pour résoudre la contradiction entre le comportement des astres et celui des particules, entre les domaines de l'infiniment grand et de l'infiniment petit.

Cet appel à une cohérence qui s'apparente à la recherche de l'absolu, exige la patience et la modestie.

Ici, les mots ne créent pas les choses !

Savoir que la non-contradiction présente une solution de continuité entre les deux infinis n'empêche pas la validité des lois actuelles de l'astronome, ni celles de l'atomiste pour l'explication des phénomènes de la matière.

Mais la multiplicité des phénomènes fait que, par les nombreux détails de la réalité, la relation de cause à effet reste un phénomène pur exceptionnel, “toutes choses égales par ailleurs”.

Cela termine la relation causale cartésienne dont toute la logique aurait pu expliquer un monde ordonné, prévisible parce que déterminé.

Le déterminisme laplacien, selon lequel l’avenir aurait été entièrement connu si toutes les données eussent été également connues, n’existe pas.

L’infinité des “détails” a montré l’illusion de cette inférence.

Il reste que pour atteindre à un maximum de compréhension dans l’état actuel des sciences, il nous faut passer par les artifices des langages concret et abstrait, pour ce qu’il faut bien appeler la vulgarisation.

Le langage naturel, parce que immédiat et familier, est concret mais cache bien des pièges car son sens reste souvent imprécis, complexe et qu’il peut être contradictoire.

La science a recours à un langage artificiel et abstrait, dont les mathématiques exigent une véritable initiation. Il a par contre l’avantage d’être sans ambiguïté parce que non contradictoire.

En réalité, langage naturel et langage artificiel restent interdépendants et le langage artificiel emprunte souvent au langage naturel dans ses raisonnements, facilitant l’imposture pseudo-scientifique avec un jargon qui semble compréhensible sans être non contradictoire.

Mais les plus grandes impostures sont peut-être les métaphores paraboliques et les analogies hyperboliques qui prétendent à un dépassement démonstratif, comme il en va chez les poètes ou dans les explications bibliques.

Un exemple assez remarquable d’un langage pseudoscientifique, peut être donné dans “la théorie de la relativité complexe” de Jean E. Charon, qu’il déduit de la formule des nombres complexes $a + ib$, de partie réelle a et de partie imaginaire ib (où i au carré égale -1), pour affirmer une idée métaphysique, véritable gnose faisant des électrons des éons porteurs de l’esprit.

Cette métaphysique indémontrable étant écartée de notre enquête, refusons d'en faire "les problèmes vraiment importants pour l'Homme et pour monsieur tout-le-monde", comme le dit Charon, en traitant de "dogmatiques" ceux qui ne partagent pas ses a priori.

Nous voici prévenus, la route est difficile.

L'homme est notre seul locuteur, force est de faire avec lui et, puisqu'il est le seul esprit présent en ce monde, il nous faut bien interroger toutes ses démarches.

Celles de la métaphysique consistent à créer des "mots" en imaginant qu'ils sont des "choses".

Celles de la science objective - je ne dirai pas "positive" en laissant à Carrefour le transitif "Je positive" (sic) - consistent à créer des "choses" pour imaginer des "mots".

C'est la science que nous retenons car nos temps modernes sont emplis des "choses", bonnes ou mauvaises, qu'elle a créées.

Entre le Rien et le Tout, que pouvons-nous connaître ? Qu'est-ce que l'Homme, le seul témoin pensant, a appris, et plus particulièrement que sait-il de l'espace et du temps qui nous sont laissés en partage la durée d'une vie ?

Que sait-il de la vie ? Que sait-il de lui-même ?

Interrogeons ceux qui pensent plus qu'ils ne parlent, pour éviter ce que craignait Henri Bergson !

LA NAISSANCE DU MONDE STELLAIRE

"Une théorie peut être vérifiée par l'expérience, mais il n'existe aucun chemin qui mène de l'expérience à la création d'une théorie." - Einstein

"Je considère l'intuition et l'imagination comme extrêmement importantes ; nous en avons besoin pour inventer une théorie. Mais l'intuition précisément parce qu'elle peut nous persuader et nous convaincre de la vérité de ce que nous avons saisi par son intermédiaire peut nous égarer très gravement ; elle est une aide dont la valeur est inappréciable, mais aussi un secours qui n'est pas sans danger, car elle tend à nous rendre non critiques."
Sir Karl Popper - (L'Univers irrésolu)

"Nous avons maintenant une "image" de ce qu'était l'univers trois cent mille ans après sa création. C'est la plus vieille que nous puissions obtenir, car avant, l'univers nous est dissimulé par un mur opaque."
Trinh Xuan Thnan - (La Mélodie secrète)

En posant la question de la naissance du monde nous voyons déjà combien nous sommes prisonniers des mots.

Qu'est-ce qu'une naissance et de quel monde parlons-nous ?

Quelle image nous faisons-nous d'une naissance ?

Nous échappons difficilement au sens propre et familier du début de la durée de la vie. Or ce début est-il un commencement ? La date de votre naissance sur les registres municipaux escamote déjà votre vie utérine et, plus loin encore, où se situe le commencement ?

Faut-il remonter aux gamètes mâle et femelle et, chez notre père et notre mère, où est le commencement ?

Voici pourquoi mieux vaut ne pas écrire le "commencement du monde" parce que ce sens figuré du mot "naissance" n'est pas certain ici quand le savant lui-même nous dit que nous sommes arrêtés à trois cent mille ans après ce qu'il pense être ce commencement, par ce que l'on appelle le mur de Planck, au-delà duquel il ne pense pas que nous puissions accéder. Et si nous allions en deçà de ces trois cent mille ans, serions-nous si certains de n'avoir pas seulement, pour ce fameux Big Bang, un certificat de naissance qui ne voudrait pas dire un "commencement" du Tout après le Rien ?

C'est pourquoi il paraît bon de préciser "le monde stellaire" car c'est le seul monde des étoiles et des galaxies que nous pouvons explorer.

Nous parlons toujours en pensant avec ces images familières des mots que sont "l'espace" et "le temps".

Déjà, voyez comme il nous est difficile de nous abstraire de l'espace euclidien et d'imaginer un espace courbe, où n'existe aucune droite et qui serait fini.

On réalise bien qu'il n'existe pas d'alignement entre deux points de la surface terrestre qui appartiennent à une surface sphérique, ou que, si l'on continue à poursuivre la route sur un même cercle de cette sphère, le parcours sera fini puisque nous reviendrons à notre point de départ.

Cela dit, nous savons que la sphère terrestre n'est pas un espace fini et que nous pouvons la quitter pour aller dans l'espace extérieur au globe.

Mais alors, nous ne concevons pas que notre course puisse être limitée dans un cosmos fini, l'infini nous paraissant sans frontières.

Et même si l'espace stellaire est d'un volume limité, comme il en est de la terre baignant dans le cosmos, nous n'avons pas le sens commun d'un contenant qui ne puisse connaître un contenant plus grand.

L'hypothèse n'est peut-être pas si simpliste puisque certains savants se posent la question d'une masse manquante dans l'univers, et cherchent l'explication des curieux trous noirs par lesquels disparaîtrait la matière vers quelque ailleurs que l'on ignore.

Mêmes questions avec le temps.

Devons-nous demander, avec Jean d'Ormesson dans "Presque rien sur presque tout" : "comment commence le temps ? Et d'abord a-t-il commencé ?"

Dire que le temps est "un refus d'éternité", qu'il a un commencement et une fin, n'est-ce pas encore une confusion sur l'image familière du mot ?

"Le temps existait-il avant la conscience de l'homme ?" demande Jean d'Ormesson. Pour l'homme la réponse ne peut être que non. Elle est la réponse de Pierre Chaunu dans "Histoire et foi" nous disant que les bonnes brutes qui s'ébattaient dans l'Éden "n'avaient pas conscience de la vectorialité du temps".

Comme toute chose, le temps n'existe qu'au travers d'une conscience inhérente à notre constitution propre. Henri Bergson, dans "Les données immédiates de la conscience", pose la question : "qu'existe-t-il du temps en dehors de nous ? Le présent seulement, dit-il, c'est-à-dire des simultanéités ou des immobilités. Si les choses extérieures changent leurs moments, elles ne se succèdent que pour une mémoire qui se remémore".

Ainsi, ajoute-t-il, "se forme l'idée mixte d'un temps mesurable qui est espace en tant qu'homogénéité mesurable, et durée en tant que succession".

Comment comprendre cette durée propre à notre conscience dans la relativité de "notre constitution propre" ? Est-ce ainsi qu'il faudrait comprendre les mots de Grichka Bogdanov dans "Dieu et la Science" de J. Guitton lorsque, parlant des milliardièmes de seconde du début du Big Bang, il désigne une "distorsion de la durée - et non du temps - comparable à des milliards d'années" ? Qu'est-ce que cette durée qui ressemblerait à une éternité ?

Ne sortons-nous pas de la conscience empruntée à "notre constitution propre" ?

Reste la "matière" ? D'où vient-elle ? "Du vide" nous répond toujours Bogdanov.

La théorie quantique nous démontre, dit-il, que si nous transférons dans un espace vide "une quantité suffisante d'énergie, de la matière peut émerger de ce vide". Comment l'expérimenter quand nous ne connaissons pas le vide absolu, le rien, et alors qu'il faudrait un flux d'énergie incommensurable" !

On ne peut dès lors qu'éprouver un "vertige d'irréalité devant de tels chiffres "ressenti par Jean Guitton, qui ajoute : "Au travers de ce voyage au bout de la physique, j'ai la certitude indéfinissable d'avoir frôlé le bord métaphysique du réel". On ne saurait mieux dire, et il faut toute la crédulité de la foi devant cet enfer, qui serait un milliard de fois plus petit qu'une tête d'épingle et avec une température de 10 puissance 32 degrés, pour avoir la conscience d'un "ordre supérieur qui serait à l'origine de tout" !

Quoi donc pourrait expliquer l'incompréhensible sinon l'inexplicable ? Admettons donc la théorie, puisque pour le moment nous n'avons rien d'autre.

Lavoisier nous avait dit : "Rien ne se perd, rien ne se crée", et Pasteur ajoutait qu'il n'existait pas de "génération spontanée".

Exit Lavoisier et Pasteur !

On pourrait cependant remarquer que l'idée de base de toute théorie visant à connaître la causalité de phénomènes passés à partir du présent, en inversant la flèche du temps, comme on passerait un film à l'envers, implique d'admettre un déterminisme scientifique.

Or deux remarques peuvent être faites :

1) "C'est de nos efforts pour décrire le monde avec des théories

simples que dépend la méthode de la science", dit Sir Karl Popper dans "L'univers irrésolu", et il ajoute : "Les théories qui sont d'une trop grande complexité ne peuvent plus être testées même si elles devaient être vraies". D'où la nécessité pour la science de discerner ce qui peut être omis.

Il en résulte que "le caractère 'prima facie' déterministe d'une théorie est étroitement lié à sa simplicité", et que l'extension à une tentative d'universalité pour "expliquer le monde" conduit à de plus grandes approximations. Et Karl Popper conclut :

"Même au cas où l'on découvrirait la vraie théorie du monde, nous serions totalement incapables de savoir que nous l'avons... Et si l'on devait trouver une théorie qui nous semblât aussi satisfaisante que celle de Newton paraissait l'être pour la plupart des physiciens pendant deux siècles, nous ne devrions pourtant jamais tenir pour assuré qu'on ne pourrait trouver une sérieuse objection à son endroit dans le futur."

2) Les observations ci-dessus, applicables à l'universalité d'un monde aléatoire, expliquent suffisamment l'incertitude de prévisions déterministes au long terme. Or la démarche scientifique inverse, consistant à remonter le temps à partir des données du présent pour connaître l'histoire d'un passé déterminé, mais qui est resté ouvert pendant quinze milliards d'années, n'est-elle pas une gageure ?

Qui empêcherait qu'un jour, une masse suffisamment grande approchant assez près de la Terre pour changer légèrement sa gravitation, la déviât de son orbite pour l'envoyer vers l'infini ?

Deux interrogations se posent :

- De quelles approximations devons-nous nous contenter ?
- Quel crédit pouvons-nous accorder aux tests ?

Il restera à connaître l'essentiel : quelle aura été la part victorieuse de l'esprit ?

LE BIG BANG

"C'est énorme. Si vous êtes croyant,
c'est comme regarder Dieu en face !"

"C'est la découverte du siècle, peut-être de tous les temps."
Stephen Hawking (Théoricien, Cambridge)

"Je ne pense pas que nous accédions un jour au secret de
la vraie nature de l'univers."
Tring Xuan Thuan - (Astrophysicien - La Mélodie secrète)

L'exclamation de l'astrophysicien de Berkeley ne nous dit pas s'il est croyant et, dans cette hypothèse, comme tous ceux qui prétendent avoir vu Dieu, sous quelle forme il l'a vu. Sans doute serait-ce celle de l'un de ces phénomènes qui terrorisèrent nos ancêtres primitifs au jardin d'Éden, comme une boule de feu ou quelque "buisson ardent".

La remarque de Tring Xuan Than est beaucoup plus modeste et nous renvoie aux réflexions de Sir Karl Popper.

Mais, bien que le Big Bang ne soit pas d'une découverte capitale pour le devenir de l'Homme, le passé étant irréversible et seul son avenir restant ouvert, considérons qu'il s'agit bien, sur le plan philosophique, d'une des plus grandes découvertes dont le sens reste à démontrer.

Car c'est le sens de cette découverte, objet pour le moment de trop nombreuses interprétations, qui fait l'importance philosophique, sociale et même morale du problème.

Savoir si l'esprit humain et les foules en seront plus heureux et plus satisfaits n'est pas encore certain.

Quelle est donc la genèse du Big Bang ?

L'hypothèse est relativement récente, puisque c'est seulement en 1928 que la réalisation des grands télescopes l'a permise à l'astronome américain Edwin Hubble.

Sachant que la vitesse de la lumière a une valeur limite de 299.792 km/seconde, Hubble constata que le rayonnement des galaxies les plus lointaines de la Terre se décalait vers le rouge. Cette modification apparente de la fréquence du signal, qui est due au mouvement relatif de la source par rapport à l'observateur, est bien connue sous le nom d'effet Doppler.

Hubble en conclut que les étoiles s'éloignaient de plus en plus les unes des autres et que notre univers est en expansion. Il calcula même que la vitesse v de cet éloignement augmentait avec la distance d'une valeur $v = Hd$, où H est dite constante de Hubble.

Malheureusement H varie du simple au double suivant les calculs, soit de 50 à 100 km par seconde et par mégaparsec (1 mégaparsec = 3,26 millions d'années de lumière).

En remontant cette expansion, on pouvait, théoriquement, connaître son origine, c'est-à-dire l'amoncellement global de toute la matière de l'univers à sa naissance.

L'imprécision de H conduit ainsi à toutes hypothèses sur le Big Bang, entre dix et vingt milliards d'années dans le passé.

Pour respecter la démarche scientifique il fallait pouvoir tester cette hypothèse.

La théorie s'imposa dès 1965, lorsque l'on découvrit un bruit de fond émanant de radiations micro-ondes venant de tous les points du cosmos.

Ce rayonnement fossile capté par des radioastronomes serait le dernier écho dans le cosmos d'une phase extrêmement chaude de la naissance de l'univers.

Cependant l'homogénéité de ce rayonnement fossile était incompatible avec l'hétérogénéité de la distribution actuelle de matière dans les galaxies, les étoiles et les planètes.

On devait supposer que le rayonnement n'était pas totalement homogène. Or, si nous prenons les revues scientifiques, nous voyons que tout le monde des astrophysiciens cherchait encore en 1989 une réponse au problème, et que les hypothèses n'ont pas manqué pour tenter d'expliquer la formation des galaxies.

Il a fallu que l'on construisît COBE, le satellite destiné à capter le rayonnement radioélectrique produit lorsque notre univers n'avait que 300000 ans, pour obtenir, après deux années de mesures et de corrections sur les ordinateurs, une image assez fine montrant les variations dans la phase radiative de l'univers en formation, et expliquant les galaxies.

Ce résultat n'est pas sans susciter quelques réflexions sur les difficultés que l'on aura pu rencontrer pour mesurer un tel rayonnement dont l'intensité correspond au niveau du bruit radio qu'engendreraient les électrons des parois d'une enceinte opaque, à la température de -270 degrés centigrades (3K). Quant aux manipulations dont les mesures durent être l'objet sur un ordinateur pour résoudre l'image, on ne peut que faire confiance aux manipulateurs.

Voilà donc tout ce que nous pouvons dire sur le grand boum nucléaire, qui aurait eu lieu il y a dix à vingt milliards d'années pour donner naissance à notre univers, sans que rien ne nous autorise à dire qu'il ne puisse exister d'autres univers en d'autres espaces et d'autres temps.

Rien même ne permet d'assurer qu'il n'y aurait pas autre chose avant ce boum, sinon le néant hors du temps.

Or l'esprit de l'homme, toujours prisonnier de sa propre imagination et de sa propre échelle, conçoit mal le néant et les limites temporelles et spatiales.

Même le vide exclut l'idée de limite puisqu'il est espace et que sa fin suppose le temps.

Beaucoup plus énigmatique, comment le comportement de la

matière subitement apparue peut-il obéir à des lois ? Même aléatoires et complexes, ce sont des lois, et l'esprit de l'homme imagine mal des lois sans raison et sans finalité ?

Alors, si le Big Bang est l'unique commencement, quelle pertinence ou rationalité aurait pu s'intégrer dans cet enfer nucléaire ? Quel esprit primordial aurait pu y exister puisque l'on ne connaît pas d'esprit pur sans matière et qu'il n'aurait pu être ailleurs, puisque l'on affirme que rien n'existait ?

Nous sortons du rationnel pour entrer dans le mythe.

Là s'arrêtent la science et la connaissance objective de l'esprit humain.

Pourquoi se demander, avec Jean d'Ormesson, si une autre forme de vie de l'être a pu se développer ?

Deux hypothèses sont possibles :

- Ou l'on parle de notre univers et l'on ne voit pas, puisqu'il serait né de la même explosion nucléaire, pourquoi les lois de la matière y seraient différentes. Alors, n'avons-nous pas le développement de la vie sur notre planète pour répondre : oui, il peut exister d'autres formes de vie puisque nous avons vu toutes les hésitations et les impasses des espèces, jusqu'à la monstruosité avant d'aboutir à l'homme.

- Ou l'on parle d'un tout ailleurs, et pourquoi les lois en seraient-elles différentes, sinon parce que devant une intelligence supérieure nous ne serions plus qu'un laboratoire d'expériences.

Quelle que soit l'issue du raisonnement, nous aboutissons à la négation d'une intelligence suprême.

Nous retombons de l'Olympe !

L'apparition du vivant nous en dira davantage que le Big Bang quant à une véritable conscience du Tout.

LA MATIÈRE

"Substance qui constitue les corps et...
qui possède une masse mécanique."
Lalande

"Les dernières découvertes font apparaître la quasi inexistence de la matière réduite à n'être plus qu'un vide immense dans lequel tournent des électrons. Cette notion... aboutit à nier en principe la matière mais sans expliquer du tout ce qui fait qu'elle existe..."
Daniel-Rops (Monde sans âme)

"Le mouvement de l'électron est donc bien associé à la propagation d'une onde et nous savons qu'il en est de même pour les autres constituants."
L. de Broglie (Nouvelles perspectives)

"La matière est dans l'espace, l'esprit est hors de l'espace ; il n'y a pas de transition possible entre eux."
Bergson (Matière et mémoire)

Quel casse-tête ! La “matière” voilà bien un vocable qui nous pose des problèmes.

Le sens commun nous dit que c’est solide et sans mouvement, ma table, la tour Eiffel, le pic du Midi par exemple… Non, ça bouge aussi, comme la Terre qui tourne sur elle-même et autour du soleil, et ça peut être liquide comme la mer, ou gazeux comme l’air que nous respirons. Enfin quoi ? Il y a bien une qualité particulière ? Oui, c’est inerte ! Erreur ! mon corps c’est bien de la matière !

Quelle est donc cette idée de Daniel-Rops du non-être de la matière ?

Sans doute, puisque relativement on nous assure qu’elle est constituée d’éléments si ténus que les atomes ont un noyau de 10 puissance -12 cm de rayon pour un atome de rayon 10 puissance -8 cm.

Par relativité, si le noyau avait 40 cm, soit la taille d’un gros ballon, et se trouvait à Notre-Dame de Paris, l’électron qui tourne autour aurait la taille d’une tête d’épingle et se promènerait sur le boulevard périphérique.

Pauvre humanité qui, entre la présence et l’absence trouve autant de vide !

Les mots pour le dire sont-ils aussi creux ?

Et que faire dans notre recherche pour loger l’esprit quelque part quand nous ne trouvons aucune place dans l’espace et le temps ? Pauvre esprit sans domicile fixe avant l’arrivée humaine !

Bergson ne voit pas “la psyché diffuse” du père Teilhard de Chardin dans les grains de matière, et il ignore les “électrons intelligents” de Charon.

Pourtant, que pourrions-nous construire sans matière ? Même l’esprit ne se conçoit pas sans son support.

Seigneur ! Ce monde est fou et l’on vous bénit pour l’avoir construit !

À quoi servirait la matière si l’homme n’en pouvait prendre conscience, s’il ne pouvait la bouleverser à coups de bulldozer, la maçonner, la cimenter, la pétrir et la cuire ou la sculpter pour ses idoles, la fondre pour ses métaux précieux ou pour ses armes, la fouiller pour retrouver les ossements de son histoire ; s'il ne pouvait la boire et la respirer ?

On se perd en conjectures sur ce qui serait arrivé si nous n'avions pas connu le soleil, la nuit et le jour, et si les hommes n'avaient pas dû craindre dans la nature que le ciel leur tombât sur la tête avant d'y loger leurs dieux.

Bien sûr il fallait la lumière, mais la lumière n'avait pas besoin des hommes, et ils ne pouvaient savoir qu'elle aussi était fille de la matière.

Ils ont cependant deviné assez tôt que l'infini du ciel n'était pas le seul infini du décor offert par la nature. Vingt-cinq siècles avant nous, en Inde et en Grèce, nos ancêtres ont présumé qu'ils ne pouvaient diviser la matière indéfiniment, mais ne sachant jusqu'où ils pouvaient le faire, ils ont créé le mot “atomein” qui voulait dire insécable, qui ne peut se diviser.

Leucippe et Démocrite imaginèrent la limite du divisible avec les “atomes crochus” qui s'attachaient les uns aux autres pour constituer la matière.

Épicure ajouta une notion de force de cohésion et puis ce fut le silence. Il faudra le XVIIe siècle pour que la chimie trouvât les associations d'atomes qui constituent les molécules.

C'est Rutherford au XXe siècle qui imagina l'atome comme un système solaire miniature composé d'un noyau autour duquel gravitent des électrons. Dès 1867 le savant russe Mandeleev, en classant les 92 atomes élémentaires selon leur poids, depuis l'atome d'hydrogène avec un seul électron, jusqu'à l'atome d'uranium avec 92 électrons, fit apparaître une périodicité des propriétés chimiques et physiques des associations de ces atomes sur la table qui porte son nom.

Pourtant, la division ne devait pas s'arrêter là.

Le noyau de l'atome est composé de protons à charge électrique positive en même nombre que les électrons à charge négative qui l'entourent, mais il comporte en plus des neutrons. Ainsi l'uranium

235 a un noyau composé de 235 éléments, soit 92 protons positifs + 143 neutrons de charge neutre. Ce sont ces neutrons qui, en venant briser un atome d'uranium provoquent sa fission en deux atomes plus légers avec libération d'autres neutrons qui continuent la fission. La disparition d'une masse de matière dans cette fission entraîne, en vertu de la formule d'Einstein $E = mc^2$, la déperdition d'une énorme quantité d'énergie.

Ainsi la matière entière de l'univers est composée des assemblages machiavéliques de trois briques : protons, neutrons, électrons, capables de s'associer en sociétés de bienfaiteurs ou de malfaiteurs, de constructeurs ou de destructeurs, de beauté ou de laideur, par des lois intangibles ouvertes au meilleur ou au pire et capables de s'autodétruire, avec une sinistre préférence pour le désordre sur l'ordre.

Et il ne fallait pas s'arrêter là, bien que dans l'infiniment petit l'on en soit déjà au milliard de milliards d'atomes en transes dans une tête d'épingle !

On soupçonnait que les protons et les neutrons n'étaient pas encore les particules élémentaires, et les physiciens Gell-Mann et Zweig le calculèrent.

Il fallut "l'accélérateur à particules" ou "l'igloo à collisions", pour l'expérimenter. À ce degré dans le minuscule, il faut des appareillages énormes mettant en jeu des quantités considérables de mouvement et d'énergie des particules subatomiques. Tout est à l'échelle pantagruélique, car on fait se heurter ici ces particules à des vitesses proches de la lumière (200.000 km/s). Ce sont des automobilistes qui s'engagent à contresens sur une autoroute à des vitesses de TGV : il vaut mieux se tenir à l'écart !

L'homme, avec son génie propre, s'est dit qu'en envoyant 10 millions de particules contre 10 autres millions à la vitesse de la lumière, il faudrait bien que des noyaux cassent et que la nature parle.

Or ce qui intriguait, c'est la présence des neutrons dans le noyau, sans charge et comme des coucous dans le nid des fauvettes. En voulant simplifier on trouva la complexité. Alors qu'en 1930 on voyait quatre particules : photon, électron, proton et neutron, aujourd'hui on en trouve trois cents plus ou moins éphémères ! Seulement voilà, l'éphémère, par exemple le millionième de millionième de seconde, et l'éternel peuvent avoir la même importance dans la matière qui semble ne pas compter avec le temps.

Puisque l'on trouve que les particules des atomes sont si nombreuses, Gell Mann chercha plus simple et découvrit qu'elles n'étaient en fait que la combinaison de trois éléments fondamentaux, qu'il appela les “quarks” ; pourquoi ce nom ?

Simplement parce que n'en ayant pas, Gell Mann a pris le mot dans un vers de James Joyce :

“Les trois Quarks pour Maître Mark”

Il faut bien que les poètes servent à quelque chose.

Comme les quarks vont toujours par trois, c'est la raison du vocable.

En dehors de cela, qu'est-ce qu'un quark sinon les équations des physiciens dont on ne verra pas l'image.

D'ailleurs à quoi bon ? L'hypothèse simplificatrice se complique toujours. Les protons ne veulent pas livrer leurs secrets. On en vient à confirmer avec les quarks que le vers de Joyce ne suffisait pas ; c'était les Trois Mousquetaires qu'il fallait choisir, car ils sont quatre maintenant !

On ne voit rien dans toutes ces expériences, sinon la confirmation pour Einstein de la possibilité d'une transformation de l'énergie en matière.

Par-dessus l'imbroglio voici l'antimatière prédite par Dirac. Une antimatière qui ne supporte pas la matière en faisant, lorsqu'elles se rencontrent, qu'elles s'annihilent ensemble, et qui, de charges contraires, sont identiques mais inversées.

Il pourrait donc y avoir un univers antiparticulaire qui se comporterait comme le nôtre ?

S'ils se rencontraient, tout disparaîtrait !

Est-ce la fin de l'histoire ?

Pourquoi ce jeu de hasard dans un monde aléatoire et cependant astreint à des lois ? Y avait-il nécessité de ces lois pour restreindre le hasard ? Qui dit nécessité suppose une fin et une intelligence, c'est la grande question ?

Or, c'est la complexité même de la matière qui fait le hasard, une cause n'étant jamais unique dans un phénomène pur qui déterminerait un effet unique.

"Toutes choses égales par ailleurs" n'est qu'un confort intellectuel que la réalité des choses refuse. Nous devons nous contenter de réalités statistiques.

On doit même perdre tout espoir de connaissance lorsque l'on traite de particules trop petites.

C'est le "principe d'incertitude" de Heisenberg, qui nous interdit l'appréhension à la fois de la position et de la vitesse des corps au-delà d'une certaine précision, et qui fait que le produit de leurs erreurs est toujours supérieur à une constante h (la constante de Planck), en sorte qu'en microphysique pour obtenir plus de précision sur la position d'un corps il faut sacrifier sa vitesse et réciproquement.

Devant cette part d'indéterminisme, en quoi les lois physico-chimiques des forces ou des valences ont-elles pu imposer les associations des éléments ? Les protons, les neutrons et les électrons de la table de Mendeleev se sont-ils volé leurs briques au hasard des rencontres pour construire les corps simples et les molécules de la matière, ou y furent-ils contraints par les lois physico-chimiques des forces et des valences ?

Dans la soupe primitive, pouvait-on prévoir le résultat ? Fallait-il cet infini, petit par l'espace et grand par une multiplicité incommensurable, pour remplir le vide, et fallait-il un million d'années pour bâtir l'ère stellaire où pourrait apparaître la vie ?

Mais l'homme est entêté.

Il se dit que si on lui a fermé un infini, il reste l'autre, l'infiniment grand. Alors il lui faudra découvrir le ciel. Hier Gulliver, il devient Lilliput.

Toutes ces gravitations autour de soleils s'apparentent si bien au monde atomique ; pourquoi ne pas chercher une réponse de ce côté ?

Mais, avant, il faudra parler de la lumière.

LA LUMIÈRE

"La lumière est l'ombre de Dieu. C'est une chose si grande et si belle qu'on pourrait passer ses jours à l'adorer."
Jean d'Ormesson (Presque rien sur presque tout)

"Chaque synthèse nouvelle, en nous faisant pénétrer plus avant dans les harmonies du monde physique, nous apprend aussi combien les éléments mêmes de nos interprétations dépassent notre intuition, et combien nous parvenons plus aisément à établir des relations entre ces éléments qu'à en comprendre la nature."
Borel (L'Évolution de la mécanique)

"Assurez-vous que tout cela est possible rationnellement, que le système des postulats est complet et bien clos. Fermez les yeux sur le réel et confiez-vous aux intuitions intellectuelles. Vous allez construire un monde rationnel et vous allez produire des phénomènes inconnus."
Gaston Bachelard

"La lumière ombre de Dieu" nous dit Jean d'Ormesson. Faut-il placer un dieu sur de si hauts "degrés" et devons-nous accepter la métaphore ?

Les dieux des hommes ne préfèrent-ils pas l'ombre à la lumière ?

Lorsque Akhenaton a osé faire son dieu du soleil, le "divin père" Aÿ et le général Horemheb eurent tôt fait, après sa mort, de couronner l'enfant-roi Toutankhaton avec les prêtres du dieu Amon, en le renommant Toutankhamon.

La lumière rend bien la monnaie aux hommes. Elle a régné des milliards d'années sans eux, mais c'est à elle qu'ils doivent la vie. Ce dont la vie est ainsi redevable à l'énergie de la lumière doit s'évaluer dans la photosynthèse biochimique probable des origines. Mais toute l'histoire du vivant montre aussi combien la vie s'est très vite ingéniée aux mutations génétiques favorables à la construction du sens de la vision avec deux yeux, chez les espèces les plus primitives et les plus inférieures. C'était le sens de la "nécessité" et, dès son apparition sur la Terre, la vie a promu ce merveilleux moyen de saisir la réalité pour la survie de l'être.

L'intelligence de l'homme, en se dotant d'artefacts puissants capables d'élargir les domaines du visible dans les deux infinis, autorisa cette pensée de Georges Bachelard ("Les intuitions atomistiques") : "La science nous fait penser ce que jusque-là nous nous étions bornés à voir. Elle nous dit : voyez par les yeux de l'esprit ce monde invisible."

Ainsi, la lumière si belle qui éclaira les premiers matins du monde, qui fait la couleur bleue du ciel et de l'eau des lacs profonds de haute montagne, qui s'irise d'un spectre éblouissant de couleurs dans l'arc-en-ciel, qui se brise au miroir des eaux en se réfractant pour nous offrir sa clarté comme à l'ouverture d'un puits lorsque nous plongeons, qui nous dévoile les couleurs des pétales de la rose ou l'or du calice aux noires étamines des grandes anémones sauvages au pied des névés, tous ces trésors que nous ignorerions, c'est elle qui nous les révèle.

Nous lui devons toute cette splendeur qui fait le prix de la vie où elle se contente d'éclairer nos grimaces, en nous en laissant seuls juges.

C'est pour elle aussi que Goethe voulut attendre le lever du jour pour mourir.

Mais pour la comprendre il fallait les "yeux de l'esprit", avec ce langage des mathématiciens qui reste impénétrable au sens commun parce qu'il n'a plus de traduction sensible et que, comme le dit Borel, nous n'avons plus que des relations sans en trouver l'image.

Nous sommes entrés dans l'ère atomique, avec les théories corpusculaires de la relativité d'Albert Einstein et quantique de Max Planck, qui ont révolutionné la connaissance.

Matière, électricité, énergie, tout est devenu discontinuité et paraît échapper au déterminisme.

Pourrait-on dire que la lumière est devenue fille de l'espace et du temps en ce sens que, mettant un mur à la vitesse possible dans l'espace, elle impose une relation limite entre l'espace et le temps ?

Et le fait que, se propageant à cette vitesse limite en grains d'énergie sous forme de quanta, elle peut transporter une énergie suffisante pour décrocher des parts d'atomes, rend la lumière maîtresse des transmutations de la matière.

Ainsi c'est par elle que nous pénétrons au cœur des deux infinis, depuis les éléments finis de l'atome jusqu'aux myriades d'astres des galaxies.

Mieux encore, sa vitesse limite de 300.000 km/seconde est venue contredire notre univers euclidien, que les mathématiciens Lobatchevsky et Riemann démontraient comme n'étant plus le seul imaginable, avec d'autres formes d'espaces courbes où les droites n'existent plus. Ainsi naissait l'idée d'une différence entre l'infini et l'illimité, entre l'espace euclidien et les espaces clos riemanniens, comme la sphère que l'on peut parcourir de façon illimitée sans retrouver ses traces bien que n'allant pas à l'infini.

C'est Karl Popper qui cite une communication du grand analyste Hadamard, professeur de nos grandes écoles, démontrant que dans de tels espaces courbes, aucun degré de précision fini ne nous permet de prédire si un système planétaire pluricorporel sera ou non stable au sens où l'entendait Laplace, en sorte qu'aucune mesure physique ne permettrait de démêler le mouvement de l'un des corps selon qu'il accomplit une orbite ou qu'il s'évadera un jour à l'infini.

Cette analyse réfutait l'idée laplacienne du déterminisme scientifique.

Alors, dans quel univers vivons-nous ?

Il fallut bien chercher, lorsque les lois de la mécanique classique furent contredites par les expériences de Michelson et Morley, sur la vitesse de la lumière et l'existence d'un "éther" qui aurait été un espace fixe par rapport à la Terre. C'est Riemann qui proposa un espace dépendant des phénomènes physiques, ce que Minkoski traduisit en introduisant, selon les formules einsteiniennes sur la constance de la vitesse de la lumière, deux facteurs physiques (la vitesse c de la lumière et le temps t), dans les coordonnées géométriques euclidiennes :

$$ds^2 = dx^2 + dy^2 + dz^2 - c^2t^2$$

Avec sa théorie de la relativité généralisée, Einstein est allé plus loin dans la synthèse entre physique et géométrie, en introduisant des coefficients qui dépendent des forces de gravitation.

Les masses distribuées dans l'espace viennent ainsi influencer leurs propres mouvements.

En physique subatomique, Guye démontra en 1921 l'exactitude de la théorie relativiste par des expériences de collision de particules vérifiant la dépendance de la masse de l'électron avec sa vitesse, selon la formule d'Einstein :

$$m = \frac{m_o}{\sqrt{1 - \frac{v^2}{c^2}}}$$

où m_o = masse au repos, m = masse relativiste,
v = vitesse et c = vitesse de la lumière

L'équivalence de la formule $E = mc^2$ entre énergie et masse, montrait que toute perte de matière de masse m équivalait à une perte énorme d'énergie : d'où la bombe atomique.

La théorie quantique était encore plus physique que le relativisme, tout corps porté à l'incandescence émettant en lumière une quantité d'énergie. Planck montra la discontinuité de cette énergie en un quantum, ou "photon" d'énergie, en relation par une constante avec la fréquence de son onde de propagation ν.

Confirmation en fut donnée par la photoélectricité, montrant qu'une lumière incidente sur la plaque d'une lampe à deux électrodes émet un courant d'électrons.

La lumière frappe à balles et non pas à blanc.

Mais la lumière ne se laissait pas facilement décrypter. Les expériences sur les interférences de Fresnel et Young exigeaient une hypothèse ondulatoire de la lumière, telle que Huygens l'avait envisagée.

La dualité onde-quanta de la lumière posait un problème. C'est Louis de Broglie qui résolut la contradiction en liant non plus l'énergie du photon, mais sa quantité de mouvement $p = mV$ à la longueur de l'onde à laquelle il est associé.

La mécanique ondulatoire avec tous les phénomènes ondulatoires et électromagnétiques, la théorie cinétique des gaz, les rayons X et la découverte de la radioactivité par Pierre et Marie Curie, allaient ouvrir le domaine des connaissances dans l'infiniment petit dont l'électron et le photon avaient montré la voie.

Les expériences de Rutherford, de Thomson et de Bohr conduisirent à une représentation hypothétique des atomes rappelant la structure du système solaire.

Ainsi, l'imagerie des deux infinis semblait s'unifier.

Les mesures obtenues révélèrent des vides immenses justifiant la pensée de Daniel-Rops dans un monde sans âme. Des vides comparables à ceux qui séparent les planètes du soleil, les rayons des orbites électroniques étant 10000 fois plus grands que le rayon des noyaux, lui-même de l'ordre de 10 puissance -12 à 10 puissance -13 cm.

De l'atome de Bohr aux orbites électroniques circulaires à l'atome de Sommerfeld aux orbites elliptiques les images ne cessèrent d'être modifiées sans qu'un modèle définitif puisse rendre compte de tous les phénomènes. C'est en ce sens que Jean Perrin écrivit :

"Jusqu'ici en atomistique, on raisonnait directement, sinon sur des objets du moins sur des images.

Or, voici que ces images ayant peut-être épuisé leur pouvoir d'évocation directe, on en vient à considérer, selon le mécanisme essentiel de la pensée créatrice mathématique, des fonctions de paramètres, formes mathématiques qui sont des êtres rationnels où l'esprit sent confusément l'expression de propriétés physiques profondément différentes des propriétés saisissables par nos sens, c'est-à-dire, au sens exact du mot l'expression de propriétés inimaginables."

L'image cède la place à l'expression mathématique et le déterminisme s'efface devant l'indéterminisme : c'est bien la fin des certitudes.

Ainsi, la recherche de la nature intime de la matière avec la notion de l'atome peut conduire dans ses interprétations à des impostures. L'exemple de l'analogie de l'atome avec le système solaire est faux.

La mécanique quantique affaiblit la notion d'objectivité dans notre rapport à la réalité qui n'est plus une observation directe, mais une observation de l'effet des actions humaines sur la matière.

Le "je" rimbaldien, intransitif du subjectivisme, devient "l'autre", le "on" transitif, ma vérité étant celle construite avec les autres où la science garde son universalité. "La notion d'objectivité est devenue 'faible', nous dit Bernard d'Espagnat, en ce sens que nous n'avons plus d'accès directs au réel."

Que l'homme construise des accélérateurs de particules de plus en plus monstrueux, comme le CERN de Genève, le SLAC américain ou le HERA de Hambourg pour passer du 10 puissance -16 m, au 10 puissance -18 m, soit le millième du diamètre du proton, pour constater que le nombre de constituants du proton dépend de l'échelle des mesures, fait craindre une dérive de la méthode, avec une division infinie du quark en quarks virtuels, comme une série de raison $x < 1$ et de nombre n infini.

“Vous m’expliquez ce monde avec une image. Je reconnais alors que vous en êtes venus à la poésie”, écrivait Albert Camus dans “Le Mythe de Sisyphe”.

Cela n’est même plus vrai, car le savant comme le poète, n’a plus de mots pour expliquer son appréhension avec un vocabulaire périmé.

Les limites du cerveau humain font que la physique moderne n’est plus individualisée et qu’elle s’est démocratisée à l’échelle des nations, car elle exige de grands moyens. Malheureusement cette mutation aura entraîné l’accaparement politique et livré la science au capitalisme, à l’industrie et aux armées. Les menaces qui pèsent lourdement sur la connaissance humaine en cette fin du XXe siècle, nous rappellent à la pensée d’Albert Einstein qui mourut tourmenté après Hiroshima : “Pourquoi cette magnifique science appliquée, qui épargne du travail et rend la vie plus facile, nous apporte-t-elle si peu de bonheur ? La réponse est bien simple : c’est que nous n’avons pas encore appris à en faire un usage sensé.”

La lumière qui nous éblouit et nous réchauffe chaque jour, qui reverdit et fleurit nos printemps, qui mûrit nos fruits et bronze nos corps nus sur les plages ; cette lumière que seuls la mort, le temps, ou quelque séisme possible du cosmos viendront nous retirer, fut sans doute le “Sésame” qui nous ouvrit les cavernes aux trésors des deux infinis.

Même si la réalité doit être refusée à l’homme, il n’existe pas de raison pour revenir au mythe. Mieux vaut reconnaître l’ignorance que d’accepter la possibilité du doute.

LES CIEUX ÉTOILÉS

"Les cieux racontent la gloire de Dieu, et l'étendue manifeste l'œuvre de ses mains."
La Bible

"Au-delà de la voûte étoilée, qu'y a-t-il ? De nouveaux cieux étoilés. Soit ! Et au-delà ?... Celui qui proclame l'existence de l'infini… accumule dans cette affirmation plus de surnaturel qu'il y en a dans tous les mystères de toutes les religions."
Pasteur (Académie française 27 avril 1882)

"Si l'on pose avec Pythagore, que le Cosmos est le lieu de l'existence réglée et uniforme de l'Ouranos, le lieu du devenir et du mouvant, on peut dire que toute métaphysique moderne porte l'Ouranos au sommet de ses valeurs et tient le Cosmos en fort médiocre estime."
Benda (Trahison des clercs)

"L'univers autour de nous doit être compris à partir du possible, non à partir d'un quelconque état initial dont il pourrait, de quelque manière, être déduit."
Ilya Prigogine (La fin des certitudes)

Michelet, voyant tous les promeneurs du Jardin du Luxembourg les yeux levés vers le ballon rouge de l'enfant qui se perdait dans le ciel, montrait à ses élèves comment l'immensité céleste fut toujours l'infini inaccessible des espoirs et des craintes pour l'homme.

Pasteur, reçu à l'Académie française par Renan, disait dans son discours du 27 avril 1882 :

"La notion d'infini dans le monde, j'en vois partout l'inévitable expression. Par elle, le surnaturel est au fond de tous les cœurs. L'idée de Dieu est une forme de l'infini. Tant que le mystère de l'infini pèsera sur la pensée humaine, des temples seront élevés au culte de l'infini, que Dieu s'appelle Brahma, Allah, Jehova ou Jésus."

À quoi bon rappeler ces craintes et ces espoirs, ou ce sentiment de beauté grandiose qu'inspirent les cieux, au sens commun et purement sensible des hommes gardant leurs regards d'enfant ou de poète ?

Le temps où l'on plaçait les dieux dans le seul lieu qu'à ces époques primitives l'homme jugeait inaccessible, demeure de la foudre et des tempêtes, ce temps des mythes est désormais d'un passé révolu et irréversible pour l'esprit instruit par la science.

Il est d'ailleurs intéressant de remarquer combien Pasteur, hier encore, restait muet sur l'infiniment petit, lui qui était souvent penché sur un microscope pour découvrir les virus, et qui refusait la génération spontanée. Pascal, en parlant du ciron, rattachait avec plus de pertinence l'infini, aussi bien au petit qu'au grand.

La théogonie grecque primitive, en sortant le Tout du Chaos, créait Gaïa, la Terre et Éros, le désir, associant ainsi la matière à la vie.

La pensée de Pythagore plaçant le ciel étoilé, Ouranos, en maître du monde et en lieu du futur et du mouvement, n'était pas sans pertinence. Encore plus quand on lui donnait Aïther, la lumière astrale, comme sœur. Reconnaissons que les Grecs avaient une assez bonne intuition du Tout.

Car c'est bien la lumière qui parle dans chaque étoile où elle a son arc-en-ciel, et nous dévoile le passé, parce qu'elle est infirme du temps et ne peut courir plus vite.

Sans elle que saurions-nous ? Rien !

Quant à Ouranos, il est bien le maître du ballet des astres dont l'astronome a appris la chorégraphie, avec une précision dans le temps qui nous a fourvoyés dans le déterminisme laplacien.

Parce que le "long terme" relatif à la durée humaine ne représente qu'un court instant dans l'univers et permet à l'homme de calculer le passage de l'éclipse ou de la comète dans ce qu'il considère comme son futur, on a pensé que des lois infrangibles gouvernaient le monde, en sorte que seuls les dieux pouvaient avoir réglé le ballet.

Épineux problème philosophique et moral où, l'effet suivant inexorablement la cause, le futur n'était plus inconnu que dans la mesure où l'on ignorait les causes !

Pourtant, depuis le Big Bang, combien de fois le Tout n'a-t-il pas été victime de l'indéterminisme ?

Cela, c'est justement au ciel étoilé et à sa sœur la lumière de nous en instruire, là où le long terme s'inscrit en milliards d'années du temps, et l'espace en millions d'années de lumière.

La vieille crainte des Gaulois serait-elle fondée ?

Le monde de l'astronomie n'a-t-il pas été bouleversé il y a deux décennies par la découverte faite avec des satellites américains, le satellite Einstein notamment, d'un pulsar dénommé Gemina, qui serait né de l'explosion d'une supernova datant d'il y a 300000 ans ? Connaissant la vitesse d'éloignement de ce pulsar (300 km/s), on en déduisit sa distance à la Terre au moment de l'explosion, soit 100 années de lumière.

À cette courte distance cosmique, un tel cataclysme du cosmos aurait dû avoir par son souffle des conséquences importantes sur la Terre.

Illumination grandiose du ciel, éblouissante comme un soleil, rayonnement ultraviolet, phénomènes de tous ordres comme les aurores boréales, et tout cela pendant plusieurs mois, cent ans après l'explosion, à la vitesse de la lumière. Ensuite, quelque dix mille ans après, de grands dangers avec les poussières radioactives du souffle gazeux charriant les débris de l'étoile disparue, qui auraient pu provoquer d'importantes mutations génétiques.

Or ceci se passait alors que les premiers hominidés étaient sur la Terre !

Nous connaissons déjà l'hypothèse cataclysmique de la disparition des grands dinosaures.

Pourrions-nous imaginer l'appréhension de nos ancêtres devant l'apparition brutale d'une lumière plus brillante que la pleine lune dans le firmament, là où ils n'avaient rien vu jusqu'alors. Quelles furent leurs frayeurs devant le phénomène qui dura de nombreux jours, et quel fut l'impact en leur inconscient ?

C'est alors qu'apparut Homo sapiens.

Ainsi nous vivons dans la quiétude d'un ciel bleu à la beauté rassurante, lieu de devenir et de mouvement.

Les Gaulois n'avaient-ils pas raison d'avoir peur ?

Alors, qu'est-ce donc que ce beau ciel étoilé que les amoureux contemplent en rêvant de tout autre chose que d'une menace ? N'est-ce pas le plus beau ciel de lit "couchés dans le foin, nous dit la chanson, avec le soleil pour témoin" ?

Loin de nous vos cataclysmes direz-vous ?

Que représente-t-il donc ce ciel, pour vous ? Pour moi ? Qu'est-il s'il faut l'esprit humain pour l'expliquer ?

Voici que la fameuse pomme d'Adam, celle qu'Ève lui fit croquer, en tombant sur le nez de Newton, nous apprit la gravitation. Ce pommier voulait absolument nous instruire !

Josué avait arrêté le soleil. L'imbécile !

Le moine Copernic brisa les sphères de cristal de Ptolémée. On ne devait plus les reconstruire !

Quant à Euclide, pour notre équilibre, il avait donné trois dimensions à l'espace, permettant de construire des gratte-ciel, la hauteur offrant beaucoup plus d'espace sans propriétaire que les deux autres dimensions. Euclide avait trois canaux semi-circulaires ; il ignorait sans doute qu'une souris japonaise n'en possède que deux, et doit vivre en deux dimensions. Qu'importe puisque Einstein a créé une quatrième dimension où le temps impose une valeur asymptotique finie à la vitesse de la lumière, en nous apprenant que toute masse multipliée par le carré de cette vitesse est énergie, en sorte qu'un rien, que dis-je ? moins que rien, quelques atomes, en perdant de leur matière conduisent à Hiroshima !

Alors ? Le ciel étoilé, direz-vous ?

Voici que l'astronomie nous apprend qu'il n'est pas si reposant que cela, qu'il est bien "lieu du devenir et mouvant", que de temps en temps il a des éruptions nucléaires, et que sa chorégraphie n'est pas si déterminée qu'on le disait ?

Il y aurait des "trous noirs", des "presque étoiles", des "novae", des "supernovae" et, pourquoi pas, de la vie ailleurs ?

Allez savoir.

S'il y avait des êtres plus intelligents que l'homme, quelle déception pour l'anthropocentrisme humain et le dieu fait homme !

C'est loin, direz-vous ? Peut-être pas si loin, et, dans un temps qui fait depuis longtemps partie du passé, à quelques milliers d'années de lumière de nous, un temps qui a suspendu son vol !

Qu'est-ce que des années de lumière devant l'écoulement impassible et impénétrable du temps ?

Alors, du ciel, l'homme aura-t-il la réponse à ses problèmes existentiels, philosophiques et physiques ?

Quels moyens d'investigation s'offrent à lui dans l'espace, immense champ électromagnétique où la lumière est le premier vecteur sensible ?

L'esprit humain a complété nos sens en créant de nombreux instruments qui permettent d'appréhender toute l'échelle de fréquences des vibrations en dehors de la lumière visible à 3.10 puissance 14 hertz, depuis les rayons cosmiques de 3.10 puissance 23 hertz, jusqu'aux ondes radio longues, de 3.10 puissance 5 hertz. Aujourd'hui on mesure tout, rayons X, ultraviolets, gamma, infrarouges ou ondes radio.

L'optique normale des lentilles, des miroirs, des télescopes, des spectrographes, des radiotélescopes, de la photographie, quitte la terre pour s'installer hors des nuages et de l'atmosphère polluée, sur des stations orbitales, ces lunes artificielles dont nous encombrons la banlieue de la terre.

La lumière est énergie et elle vit comme toute énergie, dans un monde où tout se transforme d'énergie en matière et de matière en énergie.

Elle peut se transformer énergétiquement dans la photosynthèse pour faire vivre les plantes, et elle fait partie des énergies élémentaires qui, avec les photons, se déplacent comme des ondes.

C'est grâce à la lumière que l'on interroge les étoiles, quand on décompose leurs spectres en raies caractéristiques de chacune d'elles.

C'est la lumière qui nous en donne ainsi :

- la distance de la Terre,
- la masse,
- la composition chimique de la matière,
- la température,
- la vitesse d'éloignement ou de rapprochement selon le décalage du spectre vers le rouge ou le bleu.

Les temps de pose de plusieurs heures des photographies nous découvrent des étoiles invisibles à l'œil nu, et les radiotélescopes "écoutent" les basses fréquences inaudibles. L'astrophysique utilise les ressources de l'infiniment petit pour décrypter l'infiniment grand.

Les résultats de ses recherches écrasent notre entendement ! Les chiffres sont si grands qu'il faut abandonner nos unités de mesures terrestres. D'où l'unité de distance en années de parcours de la lumière, ou "parsec", égal à 3,26 années de lumière.

Comme dans la matière atomique qui est vide pour la plus grande part, l'univers des planètes et des étoiles formées en concentrations des galaxies, comporte des vides immenses.

La Voie lactée, qui est notre galaxie, comporte 100 milliards d'étoiles, a une épaisseur de 5 000 années de lumière et 10 puissance 5 années de lumière de diamètre.

Nous ne voyons en réalité qu'une partie de cette Voie lactée, qui se déplace en une spirale de milliards de soleils autour d'un axe central, offrant cet aspect grandiose des milliers de lumières des grandes agglomérations urbaines que l'on survole à 7000 m par une nuit sans nuages.

Certaines galaxies, comme Andromède, se rapprochent de nous, mais la plupart s'en éloignent dans un univers en expansion.

Jusqu'où ? Ce monde reste-t-il fini ?

Qui ou quoi nous le dira ?

Les grands télescopes interrogent cet infini.

Ils ont découvert le "quasar". Qu'est-ce qu'un quasar ?

C'est la chance d'une éclipse de lune qui fit découvrir une galaxie s'éloignant de nous à 45 000 km/s et émettant des ondes radio d'un objet que l'on nomma "presque étoile". Les quasars sont bien des amas d'étoiles, mais les plus lointains, et cent fois plus brillants que notre galaxie. Quelle est l'origine de cette énorme intensité lumineuse ?

Ici, nous devons reprendre la thèse de l'indéterminé dans l'irréversible, avec les cataclysmes universels.

D'où les novae et les supernovae.

La novae est, dans l'Ouranos du devenir et du mouvant, l'explosion terrible d'une vieille étoile qui devient une centaine de milliers de fois plus brillante pendant quelques heures, puis redevient elle-même.

La supernovae est une étoile qui explose et disparaît totalement après avoir brillé comme 100 milliards de soleils. Quel feu d'artifice !

Il y aurait à la fois explosion extérieure et implosion intérieure donnant naissance au quasar et au trou noir.

Devant de tels cataclysmes, on se demande encore si les Gaulois n'avaient pas minimisé les dangers d'effondrement du ciel étoilé.

Ces lieux majestueux où les hommes plaçaient leurs dieux ne seraient-ils pas plutôt un enfer qu'un paradis ?

Les Grecs avaient-ils raison, et la grande guerre des Titans se poursuivrait-elle encore chaque jour, comme se poursuivent les guerres des humains ?

Car ces trous noirs ne sont plus que d'immenses gouffres aspirant par milliers astres et planètes qui s'en approchent, les absorbant en leur centre dans un volume d'une telle densité que même les photons ne peuvent plus s'échapper, et que toute la lumière, en restant prisonnière, ne laisse que des trous noirs.

Le grand éblouissement lumineux des quasars ne serait plus que leur immense appel de détresse et d'agonie avant de mourir engloutis dans les trous noirs !

Poètes à vos luths ! Devant cette tragédie, qu'attendez-vous ?

Mais où s'en vont ces Titans du gigantesque combat, courant devant notre univers à des vitesses folles de 200.000 km/s, proches de celle de la lumière ?

Continuent-ils ailleurs le Big Bang du grand combat, en retournant au commencement des temps ?

Roman sans fin, réversibilité du temps et retour à la case départ ?

Toute cette matière stupide, qui semble vouloir ignorer l'esprit, retournerait-elle à son chaos avec une densité refusant tout vide atomique, jusqu'à un nouveau boum ?

Est-ce cela l'éternité en des cycles cyclopéens !

Alors, Zeus eut tort d'enchaîner Prométhée !

Quel est cet enjeu et quel est ce va-tout ?

Actuellement, nous ne connaissons aucune autre vie ailleurs que sur la Terre. Peut-il en exister et avec quel esprit ?

Cela ne semble pas improbable.

En attendant d'en savoir plus, bonne Terre, poursuit ta route en t'écartant des luttes des Titans !

Épargne-nous leurs combats.

Et vous, Humains, gardez-vous de naufrager cette arche et son étoile que les cieux paraissent oublier !

Si, demain, certains audacieux férus de science-fiction, prétendent visiter les galaxies avec des fusées propulsées par des photons jusqu'aux vitesses proches de la lumière, souhaitons qu'ils ne se fassent pas trop d'illusions sur le retard de leur vieillissement.

La durée d'une année de lumière reste d'une année biologique, et il leur en faudra des milliers pour parcourir notre galaxie, ce qui leur laissera peu d'espoir pour revoir la Terre.

ORDRE ET DÉSORDRE
FLÈCHE DU TEMPS

"Puisque le passé n'est rien d'autre que ce qui a eu lieu, il est trivialement vrai que le passé est entièrement déterminé par ce qui a eu lieu. La doctrine déterministe selon laquelle le futur est également déterminé par ce qui a eu lieu, détruit de façon capricieuse une asymétrie fondamentale dans la structure de notre expérience."
Sir Karl Popper (L'Univers irrésolu)

"L'irréversibilité ne peut plus être identifiée à une simple apparence qui disparaîtrait si nous accédions à une connaissance parfaite. Elle est une condition essentielle de comportements cohérents dans des populations de milliards de milliards de molécules... La matière est aveugle à l'équilibre là où la flèche du temps ne se manifeste pas ; mais lorsque celle-ci se manifeste, loin de l'équilibre, la matière commence à voir !"
Ilya Prigogine (La Fin des certitudes)

Au sens commun, l'ordre et le désordre dans la nature sont continuellement présents.

Les atomes d'un solide, d'un liquide ou d'un gaz sont toujours en mouvement, mais il y a ordre ou désordre dans leur position et dans leur mouvement.

Ils sont plus ou moins enclins au changement de position et au mouvement selon l'état solide, liquide ou gazeux.

Il y a un ordre de position des atomes plus ou moins parfait depuis les cristaux jusqu'aux gaz.

La température traduit cette plus ou moins grande stabilité de position, depuis l'état solide jusqu'à la fusion et l'évaporation.

Mais elle traduit aussi la grandeur du désordre dans le mouvement depuis le repos parfait au zéro absolu (-273 °C), jusqu'aux plus hautes températures.

La température est donc en quelque sorte une dimension du désordre. C'est pourquoi la thermodynamique fut la première à s'y intéresser avec les deux principes de Clausius et Carnot, qui sont une des plus grandes lois de l'univers découvertes par l'homme, loi qui exprime la lutte permanente entre l'ordre et le désordre. Le fait que cette loi nommée "entropie" se solde par le désordre à l'échelle de l'univers pose un grave problème philosophique.

Quels étaient les principes thermodynamiques de l'entropie en physique newtonienne ?

1) L'énergie de l'univers est constante.

2) L'entropie de l'univers croît vers un maximum, avec cette observation que dans les processus réversibles (mouvement du pendule), l'entropie reste constante, tandis qu'avec les processus irréversibles (ex. : radioactivité), l'entropie croît.

En réalité, les deux processus existent dans la nature, mais le réversible est l'exception.

Tout évolue dans la nature inerte ou vivante, même ce qui nous paraît le plus constant, comme la durée du jour, puisque la Terre dans sa rotation sur elle-même ralentit imperceptiblement sa vitesse et que le mouvement perpétuel n'existe pas.

Tout reste à l'échelle humaine.

En conséquence, la croissance de l'entropie est dans le sens universel du futur et l'on doit l'associer à la flèche du temps.

Il y avait donc contradiction dans la physique classique qui attachait, dans ses lois fondamentales, une certitude à la connaissance complète, sans association du temps considéré comme présentant une symétrie parfaite, sans évolution entre le passé et le futur.

Avec la physique moderne relativiste et quantiste, où le temps est pris en compte, on renonce à l'ordre ancien pour une forme évolutive avec une notion d'instabilité qui remplace les certitudes par des possibilités.

Alors : irréversibilité ou non ?

C'est Héraclite qui a raison. Je peux toujours retourner me baigner dans la Loire aux lieux de mon enfance, mais l'eau, la rive, le décor ne sont plus les mêmes. Le temps est irréversible.

Karl Popper transpose l'évolution dans la formulation de cette irréversibilité, montrant l'existence d'une asymétrie entre le passé et le futur en ce que le passé est entièrement déterminé, tandis que le futur reste ouvert, donc évolutif. Il ajoute :

"L'asymétrie implique manifestement la "flèche du temps"; mais elle implique en plus que le temps a un sens ou une direction. Car cette flèche s'est trouvée dans le passé, et elle se trouvera encore dans le futur que j'ai à l'esprit. Même un processus non thermodynamique, comme la propagation d'une onde à partir d'un centre est un fait irréversible". (L'univers irrésolu - Karl Popper).

Depuis l'origine, la physique s'est ainsi déchirée entre le temps et l'éternité.

Ilya Prigogine ne renonce pas à l'éternité. Il pose la question dans "La Fin des certitudes" en disant : "Que signifie le Big Bang ? Nous livre-t-il les racines du temps ? Le temps a-t-il débuté avec le Big Bang ou préexistait-il à notre univers ?" Et il ajoute : "Nous pouvons concevoir le Big Bang comme un événement associé à une instabilité, ce qui implique qu'il est le point de départ de notre univers mais non celui du temps. Alors que notre univers a un âge, le milieu dont l'instabilité a produit cet univers n'en aurait pas. Dans cette conception, le temps n'a pas de début, et probablement pas de fin. Ne voilà-t-il pas une hypothèse qui satisfait beaucoup mieux notre logique commune que l'idée plutôt métaphysique d'une génération spontanée dans laquelle le grand Tout sort de Rien ?

Une question reste : l'irréversibilité peut-elle condamner totalement un certain déterminisme ?

C'est parce qu'il y a évolution que l'éternité a toute son importance, et que nous ne devons pas rester à l'échelle de notre vie pour en juger.

Or, puisque l'univers est en expansion, faut-il imaginer un point final avec un désordre maximal au zéro absolu (0 K), ou le retour à une contraction universelle, comme il semble apparaître dans les trous noirs, avec un nouveau Big Bang cyclique ?

Spéculation purement philosophique, direz-vous ?

Soit ! Cela vaut bien la spéculation religieuse !

La flèche du temps, grandeur vectorielle dirigée vers le futur, telle que définie par K. Popper, fait penser à la flèche de Zénon d'Élée dont Valéry nous parle dans son "Cimetière marin".

"Zénon ! Cruel Zénon ! Zénon d'Élée
M'as-tu percé de cette flèche ailée
Qui vibre, vole, et qui ne vole pas !"

La flèche est immobile, nous dit Zénon, parce qu'à chaque instant elle occupe toujours un espace qui est celui de sa longueur, et que l'instant présent est déjà le passé et déjà le futur ; il ne se divise pas. Ce paradoxe est celui de l'immobilité du présent de H. Bergson : seules les choses changent lorsque les instants présents se succèdent et qu'il existe "une mémoire qui se les remémore".

Mais le paradoxe pose la question de la mesure du temps. Or la flèche du photon de lumière a une vitesse limite de 300.000 km/s. Le temps de parcours du photon sur un kilomètre représente donc la 300000e partie de la seconde. On peut ainsi chercher une valeur constante, purement physique, de la mesure du temps. Il semble que l'on aurait pu donner une autre définition que celle parue dans le Journal officiel du 20 mai 1961 :

"La seconde = 1/31 556 925,9447 de l'année tropique pour 1900, janvier zéro, à 12 heures du temps des éphémérides" ! Il est vrai que c'est signé de six ministres !

Surtout, gardez vos montres à quartz !

Nous en avons fini avec le décor du Tout, où la physique moderne affirme la victoire d'Héraclite sur Parménide dans un univers évolutionniste et aléatoire ?

Victoire aussi de Platon qui affirmait dans "Le Sophiste", que la vérité est liée à l'être et au devenir.

Certes, le tableau n'est pas aussi idyllique que certains l'assuraient.

Les "lois implacables" ne sont plus que des cas d'exception, et le hasard, l'aléatoire, reprennent leurs droits.

La "nécessité" invoquée par Jean d'Ormesson, avec les lois de la cause et de l'effet, ne correspond pas à celle imposée par la survie à la vie, dans la théorie de Darwin ou de Monod. Le "déterminisme" ne tient plus devant les théories nouvelles du chaos et de l'instabilité qui remplacent les certitudes par des probabilités, et Karl Popper dresse un "Plaidoyer pour l'indéterminisme dans l'Univers irrésolu".

Cessons donc d'appeler nécessité les lois du hasard où sont soumises les rencontres de milliards de milliards d'atomes qui font que tout est possible et rien n'est certain.

Seule la modestie s'impose. Restons à notre échelle en cessant de penser dans notre dimension et dans notre temps. Croire à l'éternité, c'est d'abord en prendre la mesure.

Oui le cataclysmique est possible et l'astrophysique nous en montre tous les jours les lointains effets.

Oui la Terre peut changer son orbite, comme un électron, si son champ de gravitation vient à être gravement perturbé. Après tout, Homo sapiens n'a connu que 100.000 ans et notre mémoire d'hommes n'a pas vécu une bien grande histoire de la Terre, alors que la disparition des dinosaures, il y a 65 millions d'années resta un mystère cataclysmique.

Le plus problématique reste le comportement de notre étoile qui est le soleil, soumis à ses caprices nucléaires, et qui est une bombe sur notre tête.

Nous savons qu'il s'effondrera un jour. Notre seule consolation est de penser que nous serons depuis longtemps disparus quand notre planète le rejoindra.

Alors, vouloir à tout prix espérer qu'il existe un grand secret qui justifierait le désordre universel et notre esprit, c'est sans doute un beau rêve, un rêve de poète, ou de croyant qui cherche encore un dieu.

Le seul regret que l'homme puisse en exprimer, c'est peut-être de savoir que la lumière aura éclairé tant de beauté qui retournera au chaos, et que l'esprit humain, quand il fut bien éclairé, aura résolu de très grands problèmes, et réalisé de merveilleux chefs-d'œuvre, que le Va-tout jettera au néant !

LA TERRE

"... La Terre seule demeure l'immortelle, la mère d'ou nous sortons et où nous retournons."
Zola (La Terre)

"Le soir, quand la barque solaire a traversé le ciel, les rayons du soleil s'éloignent de la terre et s'étendent à l'horizon de l'Occident. La terre est envahie par les ténèbres comme les morts endormis dans la tombe… Alors les félins débusquent de leur tanière et le silence nocturne couvre la terre."
France de Rochin, Jean Seisser
(Les Premiers Matins de l'Univers)

"La Terre nous en apprend plus long sur nous que tous les livres. Parce qu'elle nous résiste. L'homme se découvre quand il se mesure à l'obstacle. Mais pour l'atteindre, il lui faut un rabot ou une charrue. Le paysan, dans son labour, arrache peu à peu quelques secrets à la nature, et la vérité qu'il dégage est universelle."
Saint-Exupéry (Terre des hommes)

Nous habitons la planète Terre qui a pour étoile le Soleil.

La définition d'une planète a varié dans le temps au fur et à mesure qu'elle a vu s'étendre son champ d'existence.

À l'origine c'est un corps céleste gravitant autour de notre soleil et n'ayant pas de lumière propre.

On remarqua ensuite que notre système solaire se peuplait peu à peu par les astres ainsi définis.

On identifia neuf planètes principales : Mercure, Vénus, la Terre, Mars, Jupiter, Saturne, Uranus, Neptune et Pluton. Mais avec les progrès de l'astronomie on finit par découvrir une quantité d'astéroïdes entre Mars et Jupiter, ou plus excentrés, mais non visibles à l'œil nu, naviguant sur des orbites elliptiques. Cet ensemble dépasse le millier, et l'extrême banlieue solaire est probablement envahie d'une couronne de poussières météoritiques avec les comètes.

Pour le moment nous arrêtons donc le terme de "planète" aux neuf planètes principales, de masse et de conditions suffisamment comparables à la nôtre pour pouvoir accueillir la vie. Le problème, c'est que nous ne connaissons pas de planètes semblables hors de notre système solaire. Les planètes sont malheureusement des astres très discrets puisqu'elles n'émettent pas de lumière. Seule l'indiscrétion d'une éclipse devant une étoile pourrait les dénoncer dans une galaxie suffisamment rapprochée.

C'est ce phénomène qui semblerait s'être produit le 10 novembre 1981 pour l'étoile ß Pictoris de l'hémisphère sud. Malheureusement cette étoile comme beaucoup d'autres est entourée d'un nuage de poussières.

Ces difficultés d'observation pour une étoile qui n'est qu'à 52 années de lumière de nous, montrent que nous aurons du mal à découvrir des planètes sœurs où la vie aurait pu éclore.

La certitude de l'existence d'une première planète extrasolaire serait une grande espérance pour la probabilité d'autres planètes, peut-être habitées, et la possibilité que nous ne soyons plus seuls !

Le fait que notre soleil soit une étoile plus ancienne que de nombreuses étoiles observables, encore entourées du gaz où leurs planètes pourront prendre corps après un refroidissement suffisant, montre qu'il nous reste peu de chances de connaître ces planètes.

Les observations que le télescope Hubble permet de faire, autorisent à préciser les conditions de naissance de notre système solaire, puisque nous pouvons en voir le processus encore observable.

En acceptant 15 milliards d'années pour l'explosion première, l'ère stellaire commença dès que le refroidissement dû à l'expansion rapide des gaz brûlants permit leur condensation pour former les galaxies, avec leurs étoiles et leurs planètes.

Cette formation aurait débuté 100.000 ans après le Big Bang, et elle continuerait sous nos yeux dans les nébuleuses formées de nuages d'hydrogène et d'hélium que nous observons.

Le Soleil, et puis la Terre, se formèrent il y a 4,6 milliards d'années, par une condensation semblable, à partir des gaz et des poussières.

Est-ce suffisant pour expliquer la Terre alors que voici plus de quatre milliards d'années que notre "branloire pérenne", disait Montaigne, a été formée ?

C'est une longue histoire et il est évident que les paysages ont dû beaucoup changer depuis la première aurore.

Que s'est-il passé au début, alors que la masse de la Terre se refroidissait et se condensait ?

Nous ne pouvons que l'imaginer puisque, si nous pouvons toujours voir naître des étoiles, nous ne connaissons pas d'autres planètes que celles de notre système solaire, et nous ne pourrons vraisemblablement n'en voir naître aucune.

Il est probable qu'au fur et à mesure de l'accroissement de masse du premier noyau ardent, sa force de gravitation aura attiré la matière qui gravitait autour, en nettoyant toutes les poussières de la nébuleuse du soleil avec ses planètes sœurs, et en libérant de grandes quantités de chaleur sous les bombardements, tout en tournant sur une orbite solaire comme un toton incandescent.

La nouvelle planète devait avoir une rotation plus rapide que maintenant, et les jours devaient être plus courts puisqu'elle ralentit depuis plus de 4 milliards d'années. L'existence de coraux vieux de 400 millions d'années, qui sont de véritables horloges de croissance, a montré qu'alors, l'année comptait 400 jours par an. Tandis que toute la masse était encore en fusion, c'est peut-être cette vitesse plus rapide, ou la rencontre d'une autre météorite, qui lui arracha la portion satellisée qui constitue la Lune ?

Ce qui est certain, c'est qu'aucune vie n'était alors possible, sans atmosphère et sous la brûlure des rayonnements ultraviolets du soleil.

Par quelles métaphores imaginer, dans l'esprit du poète, ce champ de tir ardent, traversé de bombes incendiaires tournoyantes, retenues par des forces invisibles, ou s'échappant vers l'infini avec des chevelures de flammes ?

Le chaos solaire enfin calmé, après ces luttes de Titans, nous offre aujourd'hui la chorégraphie bien orchestrée des valses elliptiques de neuf planètes, qu'entourent les rondes d'une quarantaine de lunes.

Est-il regrettable de n'avoir pu connaître ces matins apocalyptiques quand on a vu l'étrange beauté de certains paysages désertiques ?

Non, il fallait attendre encore plus d'un milliard d'années pour que les premiers vestiges de la vie nous instruisent de l'histoire de notre planète.

Pourtant ces journées de feu et de flammes n'étaient pas les derniers cataclysmes de la Terre, et même les premiers êtres allaient, peut-être, en graver l'inconscient du vivant avec les terreurs profondes de nos rêves ?

Les géologues et les tectoniciens nous en apprennent davantage.

Savoir si la Terre a toujours tourné sur le même axe depuis l'origine, offrant les mêmes ensoleillements sur les mêmes territoires n'est pas évident quand on sait que des fougères tropicales ont poussé à Londres, que des glaciers ont recouvert le Brésil, et que les champs de pétrole de la mer du Nord ne peuvent exister que s'ils se sont trouvés un jour proches de l'Équateur !

Mais l'homme cherche et va toujours plus loin.

Même les roches les plus solides et les montagnes sont capables de mouvements sur la masse liquide en fusion du centre de la Terre. Sans points d'ancrage, ce sont des radeaux.

La matière incandescente du centre s'échappait beaucoup plus souvent par les volcans et par les fissures d'une croûte terrestre encore fragile qui tremblait de fréquents et terrifiants séismes.

Non, les premiers matins terrestres ne devaient pas être paradisiaques !

Les zones souterraines bouillantes remontaient vers la surface, tandis que les zones froides s'effondraient pour retourner au centre, et ces mouvements, qui refusaient tout ancrage sur une masse en fusion, firent que les continents sont flottants.

L'existence d'un premier continent unique, le Pangia, apparaît dans l'homologie sensible des côtes occidentales de l'Afrique et orientales de l'Amérique du Sud, entre lesquelles se dessine la cassure du premier continent unique.

La reconstitution du puzzle continental se complique des variations du niveau des mers entre les fontes des glaces et de nouvelles glaciations dans le dernier million d'années, qui modifièrent l'homologie des cassures.

Une connaissance moderne plus approfondie des océans qui occupent trois quarts de la surface du globe, avec leurs fosses profondes et leurs montagnes émergentes en îles, a permis de dessiner les véritables talus continentaux qui confirment le puzzle.

L'existence aujourd'hui connue du Rift, une chaîne de montagnes sous-océaniques avec une vallée de 2 000 m de profondeur, qui traverse les océans Atlantique et Indien jusqu'au Pacifique, constitue une fracture à forte activité volcanique qui prouve la dérive des continents.

Ce sont des zones de séismes qui connurent des mouvements de très grandes amplitudes, bouleversant le relief de la surface terrestre au cours de son refroidissement.

Ces mouvements profonds se poursuivent dans le fond océanique entre les roches en fusion et les roches froides, modifiant le magnétisme et déplaçant toujours les continents de quelques centimètres par an.

On a retrouvé les traces de cette instabilité qui fut le décor cataclysmique de notre planète jusqu'à l'arrivée des premiers êtres vivants, il y a 300 millions d'années, avec les grands reptiles et le Carbonifère.

Deux grands continents existaient alors : la Laurasie (Amérique du Nord, Europe et Asie, à cheval sur l'Équateur), le Gondwana (Amérique du Sud, Afrique, Inde, Australie et Antartique).

Autour de la Laurasie, les fosses marines avaient une intense activité volcanique qui donna naissance aux chaînes alpines et himalayennes, tandis que les mers recouvraient périodiquement une partie des terres retenant les migrations de la vie.

Après une période de calme, la terre connut, il y a 150 millions d'années, une nouvelle période de bouleversements profonds dont les premiers mammifères et les dinosaures furent les témoins. De gigantesques coulées de laves noires, basaltiques, s'épandirent sur des milliers de kilomètres carrés du Gondwana. Des régions entières s'enfoncèrent sous le poids des laves, se creusèrent de lacs envahis par les eaux, et l'évaporation laissa ses salines. L'Australie quitta le bord et s'isola, tandis que l'Amérique se séparait de l'Afrique il y a 92 millions d'années.

Les positions actuelles ne furent acquises qu'après la mort des dinosaures. Périrent-ils dans ce décor apocalyptique ?

Comment imaginer les derniers combats de ces monstres herbivores ou carnivores, dotés d'un cerveau ridicule sur une dizaine de tonnes d'os et de muscles, dans un décor de volcans en éruption, de raz de marée et la dérive de continents qui conduisait la faune vers la zone hivernale des pôles ?

L'Afrique pivota, remonta et vint cogner l'Europe.

Une autre forte activité géologique partit de la Sibérie il y a 250 millions d'années vers le pôle.

Dans tous ces bouleversements n'apparaît aucune force exogène; seules les forces internes à la Terre, avec le bouillonnement du grand chaudron central, expliquent les changements. À côté d'eux, l'érosion du vent et de la pluie sur le relief, ou la bombe atomique, sont des pichenettes.

C'est cette écorce terrestre, tremblante sous les séismes, qui a permis, par la propagation des ondes qu'ils déclenchent, d'étudier sa propre conformation.

Le noyau central de 7000 kilomètres de diamètre (contre les 12830 km de diamètre du globe), est liquide avec, à 3000 degrés C, un noyau solide de ferro-nickel.

Le manteau de surface est constitué d'une série d'enveloppes présentant des discontinuités de densités et d'épaisseurs différentes. C'est ainsi que la croûte continentale peut varier de 20 à 40 km suivant le relief, tandis que la croûte océanique est épaisse uniformément de 8 km même sous les crêtes montagneuses qui s'élèvent à 4000 m au-dessus des fonds marins.

La découverte des grandes fosses océaniques avec 11000 m de fond dans les Mariannes, ou près de la Grèce et le long de la Cordillère des Andes, est importante, car elle situe les zones d'activité volcanique et des séismes.

La Terre changera donc encore et, dans 50 millions d'années, la Méditerranée n'existera plus.

D'ici là, si l'homme poursuit la destruction de son environnement et si l'espèce humaine existe encore, quel dépotoir nos descendants retrouveront !

Toute cette histoire géologique et tectonique de notre planète explique de nombreux mystères.

Ce que l'homme a découvert avec l'ère atomique permet de décrire les principaux mécanismes de l'univers et de notre environnement direct.

Voici déjà un siècle que Mendelciev a génialement classé les éléments simples de la matière de façon prémonitoire, avant même qu'ils fussent découverts.

Il avait été jusqu'à laisser deux cases blanches, tant son intuition était juste, la 43e et la 61e.

L'atomiste a produit artificiellement les deux éléments manquants, le technitium (43 protons) et le préméthéium (61 protons). Il a même ajouté 11 éléments, jusqu'au 103e, dont le plutonium (94e avec 94 protons).

Nous savons ainsi, en partant de l'élément n° 1, le plus léger avec l'hydrogène (1 proton), et de l'hélium (n° 2 avec 2 protons), reconstituer tous les éléments à partir des mêmes briques : protons, neutrons et électrons.

Ainsi les deux gaz primaires, qui appartiennent à tous les brouillards des nébuleuses originelles, autorisent toutes les transmutations des éléments du tableau de Mendeleiev, jusqu'aux plus lourds.

La science moderne peut donc accomplir de nos jours le rêve des anciens alchimistes, pour transmuter le vil plomb en cassant son noyau de 82 protons en un noyau d'or à 79 protons. Seul le coût de l'opération reste bien trop élevé pour présenter un intérêt.

Mais, ce qui coûterait trop cher à l'industrie des hommes peut se faire dans les cornues de l'univers, au cœur de la matière des astres, avec des pressions et des températures énormes qui ont permis toute l'alchimie des richesses minières de notre planète, comme de tous les astres de l'univers.

Il n'y a donc pas de miracles et la recherche d'une unité plus grande dans l'infiniment petit n'apparaît peut-être plus tellement indispensable, hormis la quête d'un absolu.

Encore que la Terre nous réservera toujours des surprises. Des études récentes sur le magnétisme terrestre, avec simulation dans un super-ordinateur Gray C 90, n'ont-elles pas prouvé que le champ magnétique pouvait s'inverser, ce qui se serait produit la dernière fois, il y a 775 000 ans !

Si nos boussoles perdent le nord, où irons-nous ?

Faut-il poursuivre plus loin dans tous les Tokomaks de la Terre pour créer le plasma, ce sang de la matière en fusion à des millions de degrés ?

Est-ce le secret du Big Bang que l'on veut, jusqu'à la production d'une nouvelle réaction en chaîne ?

Sans doute le chaos est-il déjà trop grand dans notre environnement pour que l'occasion en soit laissée à l'homme.

Curieux génie qui, dans son besoin de connaître, irait volontiers jusqu'à s'autodétruire !

Serait-ce cela que l'on appelle : regarder les dieux en face ?

LA VIE

"Et si vous disiez que la Nature a formé les coquilles dans les montagnes par l'action des constellations, comment expliqueriez-vous que ces dernières créent des coquilles d'espèces diverses et d'âges différents dans ces mêmes lieux ?"
Léonard de Vinci
(Manuscrit)

"Nous remercions le Créateur de n'avoir pas rendu l'homme témoin de ces scènes effrayantes et terribles, qui ont précédé et pour ainsi dire annoncé la naissance de la Nature intelligente et sensible."
Buffon (Les Époques de la Nature)

"À la mort, tôt ou tard inévitable, la nature oppose la perpétuation de l'espèce. Cette perpétuation est elle-même limitée. Le nombre des espèces disparues est plus grand que celui des espèces vivantes aujourd'hui."
Jean Vague (L'Aurore sur le gué du Iaboc)

Qu'est-ce que la vie ? Quand est-elle venue sur la Terre ? Comment y est-elle venue ? Y a-t-il de la vie ailleurs où elle aurait pu atteindre - ou dépasser - le stade de l'esprit humain ?

Ce questionnaire résume l'essentiel des interrogations généralement posées par les hommes conscients pendant leur passage sur la Terre.

Ne sont pas conscients ceux qui seulement le désirent, direz-vous, et tous les hommes n'ont pas la volonté et la hardiesse de se poser les questions de Pascal. Écoutons-le dans un de ses moments de conscience : "Je ne sais ce que c'est que mon corps, que mes sens, que mon âme et cette partie même de moi qui pense ce que je dis… Je vois ces effroyables espaces de l'univers qui m'enferment, et je me trouve attaché à un coin de cette vaste étendue, sans que je sache pourquoi je suis plutôt placé en ce lieu qu'en un autre, ni pourquoi ce peu de temps qui m'est donné à vivre m'est assigné à ce point plutôt qu'à un autre de toute l'éternité qui m'a précédé et de toute celle qui me suit…"

Il est dommage que Pascal ait si mal jugé Montaigne qui avait écrit : "...il est bien malheureux d'en être là que la meilleure touche de la vérité ce soit la multitude des croyants alors que dans une foule le nombre des fous surpasse tant celui des sages !"

Montaigne jugeait assez bien la démocratie !

Qu'est-ce donc que la vie ?

C'est la propriété essentielle des êtres organisés qui évoluent de la naissance à la mort en remplissant des fonctions qui leur sont communes malgré une différenciation des espèces et des individus.

Est-ce satisfaisant ?

Il y a dans la vie à la fois quelque chose de merveilleux et de révoltant, quelque chose d'intelligent comme le dit Buffon, mais aussi d'insensible, contrairement à sa pensée, quelque chose enfin d'idyllique et de diabolique !

La vie n'a qu'une loi : se perpétuer. Elle autorisera tout pour cela : la souffrance, la mort pour des milliards d'êtres qu'elle sacrifie à sa survie, et l'exploitation de la force ou, par son intelligence, de la ruse avec laquelle elle a su s'armer de toutes les lois naturelles favorables à sa défense, bien avant l'homme.

Il y a dans la conception de la vie une barbarie contraire à la logique, à la raison et à la morale.

Elle n'hésite pas à dire : "Mangez les vivants !"

Où est la loi d'un dieu infiniment bon dans tous ces ratages ?

Définir la vie ne pouvait se faire dans l'esprit humain qu'en conformité avec la connaissance de son histoire, de son évolution depuis sa naissance avec les bactéries et les plantes simples, il y a 3,5 à 4 milliards d'années, dans une histoire étroitement associée à celle de la Terre.

Quelles sont les fonctions de la vie, les différences des espèces et des individus, les raisons de la mort ?

En bonne logique, on peut dire que la vie est en lutte permanente contre l'entropie. Toute son histoire, tout son ordre et toute sa complexification chère au père Teilhard, sont ceux d'une bataille avec le désordre, au point que l'on a pu parler à son propos de néguentropie.

Une lutte d'ailleurs, sans vainqueur ni vaincu !

Dans ce refus qui exige la durée sans que l'éternité y soit pour autant assurée, la vie n'a qu'une ressource, celle de se perpétuer au travers d'individus de vie limitée qui se reproduisent à l'identique, en gagnant chaque fois un peu plus d'ordre sur le chaos.

Tant pis si les individus n'apprécient guère cette course relais dans l'éternité !

Cette transmigration ou sorte de métempsychose biochimique s'arrête à la reproduction similaire des individus avec une conservation maximale des avantages acquis dans le patrimoine génétique, favorables aux moyens de survie, en abandonnant toutefois au chaos la conscience du passé, ce qui interdit une continuité de l'individualité. La mort des générations oblige ainsi, à chacun des relais, l'apprentissage de nouveaux acquis, ce qui explique la lenteur des progrès.

Essayons de comprendre cette prodigieuse histoire.

Par quelle alchimie la vie permit-elle d'animer la matière en lui conférant les propriétés du vivant ?

Les matériaux nécessaires comprennent des molécules d'eau, en abondance sur la terre, du carbone et de l'azote.

Par sa situation privilégiée dans le système solaire, la Terre est la seule des neuf planètes à posséder de l'eau en abondance avec du méthane et de l'ammoniac.

Aux temps primaires, il y a cinq milliards d'années, la terre dut être soumise à une intense activité chimique sous le rayonnement ultraviolet du soleil et de violents orages. Stanley Miller à Chicago tenta de reproduire de telles conditions et il obtint deux éléments biochimiques fondamentaux sans autre résultat.

Le fait que les premiers fossiles, découverts dans les sédiments les plus anciens, soient des coquillages ou des poissons, et que l'atmosphère terrestre fût à l'origine constituée de gaz carbonique, de méthane et d'oxyde de carbone, l'oxygène nécessaire aux organismes aérobies n'étant apparu qu'il y a un milliard d'années, grâce à la vie elle-même, conduisit à formuler une hypothèse marine pour la naissance de la vie.

La thèse de l'atmosphère sous-marine, avec la forte activité volcanique dont nous avons parlé et l'existence d'éléments chimiques tels que : hydrogène, azote, oxyde et dioxyde de carbone, méthane, en abondance, avec en plus de hautes pressions (250 atmosphères) et températures (350 degrés C), permit certaines découvertes dont l'exploitation n'est peut-être pas terminée. Ces recherches de l'activité sous-marine volcanique ont identifié un nouveau type de micro-organismes, les "archaebactéries", avec des cellules sans noyaux anaérobies, pouvant vivre sans oxygène à des températures élevées, jusqu'à 110 degrés, ce que les cellules à noyau, végétales ou animales, ne peuvent supporter. Jusqu'ici cependant, on n'a pas pu prouver que ces cellules, qui existent toujours, aient été plus anciennes que les cellules à noyaux.

Alors, on a été amené à supposer une cause exogène.

Elle semblerait être confirmée par le bombardement des météorites sur la terre, qui sont riches en matière organique. Or la terre reçoit encore une centaine de tonnes de météorites par an et ce bombardement devait être beaucoup plus intense aux temps originels.

De plus, ces matières organiques supportent parfaitement le choc thermique d'entrée dans l'atmosphère.

Renvoyer la naissance de la vie dans on ne sait quel ailleurs, c'est supposer le problème résolu.

Le professeur Jean Vague, de l'Académie de médecine, ne semble pas accréditer cette théorie. Il écrit : "La panspermie, situant hors de la terre l'origine de la vie terrestre, dans les météorites (lithospermie), dans la poussière apportée par le rayonnement cosmique (radiopanspermie) ne semble pas justifiée ("L'Aurore au gué du Iaboc").

L'honnêteté de l'ignorance est préférable au mythe.

Attendons une certitude.

De toute façon, vouloir écrire l'origine de la vie en prouvant les conditions de sa naissance reviendrait à vouloir retrouver, dans quelques milliards d'années, la naissance de la locomotion à vapeur avec les restes de la première locomotive.

Encore que pour la vie, il s'agit en plus de micro-organismes.

Nous savons aujourd'hui, depuis que l'évolution du vivant est universellement admise, que nous avons deux moyens de reconstituer la phylogénétique des espèces :

- la découverte des fossiles.
- les études biochimiques des différences chromosomiques.

Seule la première méthode permet jusqu'ici, selon l'importance des découvertes fossiles, de dater avec le plus de certitude les embranchements différentiels des phylums selon la stratigraphie des terrains.

La fossilisation nous a conservé les traces irréfutables des histoires conjuguées de la vie avec la Terre.

Retrouver sur la montagne Sainte-Victoire en Haute-Provence des huîtres qui étaient immergées il y a 180 millions d'années dans la mer primitive, plonge un regard sur le passé.

La présence de gisements paléontologiques dans la nature est malheureusement rare et la fossilisation reste l'exception, ce qui est heureux parce que la terre ne serait plus qu'un cimetière.

Il y faut des conditions particulières et rapides, souvent de nature cataclysmique. Seuls les organismes squelettiques ont le plus de chances d'être conservés. Il arrive cependant, pour des cas très favorables comme les calcaires lithographiques, que des écailles, des plumes, des feuilles, voire des viscères aient été fossilisés, ou encore des traces de pas.

Les découvertes de fossiles furent très anciennes et à l'origine de mythes et de légendes.

L'aspect décoratif des ammonites comparées à l'enroulement d'un serpent, ou aux "cornes d'Amman" du dieu bélier égyptien, les "langues de pierre", les crânes énormes retrouvés en Sicile, que Thucidide identifiait aux restes des Cyclopes, les monstres à œil unique tels que Polyphème rencontré par Ulysse, et toute une série d'êtres mythiques naquit ainsi.

Monstres imaginaires, dragons, licornes des légendes populaires peuplèrent l'imagination avec la découverte des premiers restes des grands reptiles ou des grands mammouths dont on retrouva plus tard des spécimens entiers congelés dans les glaces de Sibérie, ou encore les grands arbres silicifiés de l'Arizona.

Tous ces vestiges alimentèrent les récits des pythies, des devins et des mages.

Le Moyen Âge n'échappa pas à la règle et le gigantisme des os retrouvés créa Theutobochus, roi des Teutons, et peut-être Gargantua.

Au fur et à mesure des découvertes, un problème se posa pour concilier le récit biblique de la Genèse avec les nouveaux arrivés. Alors on reprit la thèse du Déluge. Ces êtres disparus étaient-ils antérieurs au Déluge et avaient-ils totalement été anéantis depuis ?

Il n'y a jamais de vérité pure, mais un compromis du vrai et du faux. Aucun diamant n'est totalement pur.

Lorsque la part du faux l'emporte et qu'elle est soutenue par une majorité, c'est l'imposture.

Il en est ainsi du Déluge ; il a existé, il en a même existé plusieurs à la suite des quatre glaciations connues qui eurent lieu depuis un million d'années.

La dernière, Wurm I à IV, dura de -75000 à -20000 ans avant notre ère, et les glaciers recouvrirent le Canada et tout le nord de l'Europe avec une forte chute du niveau des mers. Ces périodes glaciales, dues aux cycles d'énergie du soleil, modifièrent fortement les migrations de la vie.

Au réchauffement, nous savons que le déluge a envahi les grands deltas de l'Indus et du Gange qui furent submergés avec leurs habitants. Ce dégel n'atteignit cependant pas les niveaux prétendus par le récit de la Genèse qui nous dit : "... l'eau monta jusqu'à sept mètres au-dessus des sommets", en sorte que "... tout ce qui vivait et se mouvait sur la terre périt, et aussi les hommes" (Genèse VII, 4)

Les traces connues portent sur une centaine de mètres de surélévation des eaux, ce qui est déjà suffisant pour être resté dans la tradition orale et dans l'inconscient des hommes.

Dans notre ère, au fur et à mesure que s'augmenta la richesse des collections fossiles, des hommes de plus en plus savants cherchèrent des explications, encore inséparables des croyances de la Bible, à leurs découvertes. Même au Moyen Âge, un homme de génie comme Léonard de Vinci écrivait : ".. Et si vous disiez que la Nature a formé les coquilles dans les montagnes par l'action des constellations, comment expliqueriez-vous que ces dernières créent des coquilles diverses et d'âges différents dans ces mêmes lieux ?"

Et Bernard Palissy, dans ses "Discours admirables", parlant des pierres et "... des poissons pétrifiés avec les coquilles au sommet des plus hautes montagnes, disait qu'il voulait… mieux faire entendre que la mer n'a point amené lesdites coquilles au temps du déluge…"

Ainsi les huîtres de la montagne Saint-Victoire avaient déjà été reconnues, et il faut bien admettre que dans l'esprit de ces hommes, avec le triomphalisme religieux de leur temps, un certain courage était nécessaire à la recherche de la vérité.

Dès le XVIIIe siècle, avec la richesse accrue des collections fossiles et le siècle des Lumières, des savants comme Buffon (1707-1788) et Linné (1707-1778) contestent la fixité des espèces et émettent l'opinion que les seules espèces disparues furent les moins adaptées. Cette hypothèse d'un ratage de la Création était plutôt audacieux ; aussi fallut-il y mettre un bémol.

Ces hardiesses de Buffon dans les "Époques de la Nature", lui valurent les foudres des théologiens de la Sorbonne et l'obligation de quitter Paris. Seul le soutien du roi lui évita la condamnation. Son ouvrage décrivait dans un style poétique admirable l'histoire de la Terre, "... les déluges, les fleuves de verre fondu, de bitume et de soufre, le soleil toujours offusqué par les nuages aqueux et les masses épaisses de cendres et de pierres poussées par les volcans..." ("Les Époques de la Nature")

Sous la pression religieuse, ces admirables descriptions vinrent plutôt renforcer la thèse du Déluge, jusque dans le "catastrophisme" de Cuvier qui, prudemment, n'osa pas pousser plus loin les hypothèses.

Cela n'empêcha pas Cuvier d'être le père de l'anatomie comparée qui permit la reconstitution des squelettes fossiles, dont la richesse s'accrut de toutes les découvertes des gisements américains de l'Arizona, avec tous les grands reptiles dinosauriens.

Ses observations rationnelles, et leur démarche déductive, sont brillamment exposées dans le texte suivant : "... Si les intestins d'un animal sont organisés de manière à ne digérer que de la chair récente, il faut aussi que ses mâchoires soient construites pour dévorer une proie, ses griffes pour la saisir et la déchirer; ses dents pour la couper et la diviser, le système entier de ses organes du mouvement pour la poursuivre et pour l'atteindre..."

D'une dent, Cuvier savait ainsi reconstituer tout l'animal. "Il fallait, dit-il, que chaque os reprît sa place, c'était presque une résurrection !"

On mesure par ces mots tout l'enthousiasme qui devait saisir le grand savant dans ses travaux.

Quelle plus belle leçon, avant la théorie de l'évolution, sur "la nécessité" ?

Mais pourquoi ne retrouvait-on pas tous ces animaux, alors que l'on en avait de si nombreux restes ?

"Parce qu'ils furent détruits dans quelque révolution de la Terre", disait Cuvier, encore qu'il ne concluait pas qu'il eût fallu "une création nouvelle pour produire les espèces d'aujourd'hui".

C'était en partie vrai pour les dinosaures, mais cela posait bien des problèmes philosophiques et religieux.

Y avait-il eu nécessité d'interruptions dans la création, et pour tout dire, erreurs dans le vivant ?

Voilà un terrain bien glissant pour la théologie !

L'explication devait venir avec Lamarck.

Il démontra, en 1809, dans sa "Philosophie géologique", que cette discontinuité n'existait pas, mais qu'il y avait modification de l'hérédité entre générations par les caractères acquis, autrement dit : "évolution".

C'est alors que naissait Charles Darwin (1809-1882).

Son ouvrage : "De l'origine des espèces au moyen de la sélection naturelle ou la lutte pour l'existence de la nature", en 1879, fit l'effet d'une bombe dans le monde religieux, surtout lorsqu'il prétendit inclure l'Homme dans le monde animal.

Assez tristement, la querelle n'est pas close, et le plus difficile à accepter dans cette dispute est d'entendre traiter d'orgueilleux ceux qui défendent la théorie de l'évolution, par ceux qui refusent l'animalité humaine en prétendant faire de l'homme une image de leur dieu.

L'ÉVOLUTION

"... Peut-on douter, à partir de la lutte que chaque individu doit soutenir pour obtenir sa subsistance, que chaque variation minime de structure, habitude ou instinct, adaptent mieux cet individu aux nouvelles conditions, augmentent sa vigueur et sa santé ? Dans la lutte, il doit avoir une meilleure chance de survie ; et ceux de ses descendants qui hérite de la variation, fut-elle très légère, ont aussi une meilleure chance."
Charles Darwin (Essai inédit)

"Le conflit scientifique est devenu fréquemment passionnel. Teilhard, en un vol d'aigle, a dominé la question, les préjugés, les naïvetés, les prétentions de l'orgueil.... Dans l'esprit du géologue, la culture biblique et évangélique avait suscité... la synthèse la plus satisfaisante de l'évolution..."
Jean Vague (L'Aurore au gué du Iaboc)

"Rien, en vérité, dans l'examen objectif de la nature, ne nous oblige à croire qu'une volonté, une intention, un dessein aient présidé à la confection des machines vivantes."
Jean Rostand (L'Homme)

Le conflit dont parle le professeur Jean Vague, si apparent au travers des pensées en exergue, n'est pas seulement scientifique ; il présente deux aspects.

Chaque fois qu'une nouvelle discipline naît, les difficultés que rencontre toute science à ses débuts font que le chercheur, croyant, aura toujours tendance à accorder sa foi métaphysique avec la réalité qu'il ne peut pas interpréter scientifiquement.

Ce fut le cas du père Teilhard de Chardin, mais cela ne justifiait pas la critique du géologue par le généticien, quand Jean Rostand jugea que le père "était passé directement de la pierre à l'homme".

Pour un homme d'église, le courage d'accepter que "l'homme montât du singe", était déjà suffisant pour admettre la part de vérité due à Teilhard.

Le conflit est donc double : entre les scientifiques eux-mêmes qui commettent "le péché d'orgueil" en disputant sur la vérité de leurs recherches, et entre les scientifiques purs et les scientifiques spiritualistes qui, "là où l'ombre persiste dans le domaine de la science", ont recours à "l'obscure clarté qui tombe des métaphysiques", dit J. Rostand.

Dans ce dernier cas, l'orgueil est à celui qui prétend détenir la seule vérité échappant, par essence transcendantale, à l'analyse rationnelle.

L'aveu d'ignorance seul reste preuve de modestie.

Toute l'histoire de l'évolution est partagée entre ces conflits qui n'honorent pas la finalité de la science dans sa recherche de la vérité.

Les rudes affrontements que connurent le transformisme et la théorie de la sélection naturelle ne sont donc malheureusement pas éteints.

La première querelle sur l'évolution commença avec Lamarck pour sa théorie de transmission des "caractères acquis". On lui reprocha surtout d'être peu démonstratif dans son analyse, ce que les généticiens tranchèrent en prouvant que "les modifications produites par le milieu ou par l'activité ne sont jamais transmises à la descendance, puisque rien n'en est inscrit dans le patrimoine héréditaire, et, par suite, sont dénuées de toute valeur évolutive "(J. Rostand). Pour le profane, le débat n'est peut-être pas clos si l'on veut bien considérer que l'évolution des primates jusqu'à l'homme demanda trente millions d'années et des milliards de reproductions sexuées.

Quand on sait l'énormité de la micro-information que durent acquérir les gènes chromosomiques des cellules reproductrices, depuis le primate jusqu'à l'Homosapiens sur trente millions d'années, il est simplement permis de douter des possibilités du généticien d'opérer, avec des expériences aussi brèves que quelques générations, pour assurer que ces gènes ne peuvent recevoir la plus minime information des acquis. S'il en avait été ainsi, comment aurions-nous pu avoir des Bergson, Pasteur, Poincaré ou Einstein et non plus les "bonnes brutes du jardin de l'Éden" ?

Que l'évolution de l'espèce ait pu en profiter, c'est Charles Darwin qui nous en donna le meilleur développement avec "la sélection naturelle et la lutte pour la vie", offrant aux plus forts ou aux plus rusés la meilleure chance de survie.

Darwin avait des antécédents, car son grand-père Érasme Darwin (1731-1802) avait été précurseur de Lamarck sur l'évolution. Charles était naturaliste, et toutes les connaissances des paléologues ne furent pas à l'origine de son inférence.

Sa théorie de la sélection naturelle fut tirée de ses nombreuses observations sur l'évolution des espèces dans les Galapagos, et d'une analyse remarquable des méthodes de sélection artificielle des éleveurs, dont les résultats sont dus à "l'accumulation dans une même direction, pendant des générations successives, de différences absolument inappréciables pour des yeux inexpérimentés".

L'idée de "lutte pour la vie" vint ensuite à Darwin, avec la théorie de Thomas Robert Malthus (1766-1834) dans son "Essai sur le principe de la population" (1803) selon lequel la population humaine croît géométriquement, tandis que les ressources alimentaires progressent arithmétiquement. D'où les famines du XVIIIe siècle.

Pour être valable, l'évolution exigeait de Darwin qu'il expliquât l'hérédité à une époque où la génétique n'existait pas. D'où son ouvrage sur "L'Origine des espèces" qu'il accompagnait d'une "Hypothèse provisoire sur la pangénèse" (1859).

Critiqué comme Lamarck sur l'hérédité des caractères acquis par la théorie mendélienne de l'hérédité, "La théorie du gène" (1926) de Thomas Hunt Morgan (1866-1945), mit en relief deux problèmes, en remarquant "que si la variation d'une espèce est un processus lié au hasard, l'origine de la variation n'a aucune relation avec sa valeur en termes de survie".

C'est Fisher qui revint à Darwin avec sa "Théorie génétique de la sélection naturelle" (1930).

La discussion reprit alors des arguments paléontologiques dans un effort de synthèse avec toutes les découvertes fossiles, ce que fit George Gaylord Simpeon (1902-1984) dans "Traits principaux de l'Évolution".

Simpson fut conduit à différencier trois éléments évolutifs différents : la micro-évolution révélée par l'expérimentation génétique, la macro évolution, qui inclut l'apparition et la divergence de groupes discontinus, et la méga évolution où s'inscrivent les discontinuités paléontologiques importantes.

Ainsi, écrit le professeur Jean Vague, "des efforts de synthèse ont été faits par Simpson, par Vandel, par Ruffié, par Gould et d'autres, pour trier ce qui doit demeurer des conceptions opposées… dans la théorie néodarwiniste".

"... À ce jour, poursuit Jean Vague, l'évolution, sa direction vers le progrès de la connaissance et de l'action ne justifient aucun doute."

La discussion qui concerne la continuité ou la discontinuité de cette évolution, comme la théorie de Gould sur les équilibres intermittents, qui admet le hasard en macro évolution, est peut-être moins pertinente à l'heure actuelle que les recherches sur l'évolution biologique de l'intelligence et le rapport du développement cérébral relativement au reste du corps. Quelle hypothèse faut-il admettre dans le cas des dinosaures, dont le plus lourd alla jusqu'à cent tonnes, avec un cerveau de la taille d'une orange pesant 250 grammes, quand une baleine actuelle du même poids possède un cerveau de dix kilos ?

Avec pareille erreur de l'évolution, faut-il s'étonner de la grande intelligence des baleines et de la disparition des dinosaures ?

Reste la controverse sur la part du hasard et de la nécessité, avec un alliage de téléonomie chez Jacques Monod, dont la "synthèse biblique et évangélique" du père Teilhard retrouve le besoin de finalité.

J'avoue préférer ici la réponse de Jean Rostand.

Mais, si l'on devait prendre, comme Jean Vague, la thèse teilhardienne pour la plus satisfaisante, je pense qu'il faudrait ajouter ceci, pour la comprendre :

"... Je ne vois pas d'autre manière logique (ou même biologique) de m'y prendre. Selon mes propres principes, je ne peux pas lutter contre le christianisme ; je peux seulement œuvrer de l'intérieur, en essayant de le transformer et de le convertir" (Teilhard de Chardin, Accomplir l'homme, Lettres inédites - Pékin, 21 mars 1941).

Voici qui en dit long sur le dogmatisme !

Que des finalistes comme Eccles ou Chauvin voient la nécessité "... d'une entité opérant au-dessus et au-delà des événements matériels de l'évolution", cela importe peu. Que l'éthologiste Chauvin écrive dans sa "Biologie de l'Esprit" : "... je parlerai par exemple de l'Esprit et du "démiurge" en me gardant bien de définir trop précisément ce que j'entends par là ; parce que je ne le sais pas clairement…" n'est-ce pas inquiétant ? Ce faisant, Chauvin ironise : "...Le darwinisme postule la survivance du plus apte. Mais qui est le plus apte ? Celui qui survit. Le darwinisme postule donc la survivance des survivants !"

Gould a répondu à ce genre de paradoxe, car c'est justement le hasard qui joue avec les mutations aléatoires. Au niveau de la micro-évolution, l'ADN n'a pas de brevets. "La transcription est bourrée de fautes de frappe", écrit Michel de Pracontal dans "L'Imposture scientifique en dix leçons".

Prenons donc nos références ailleurs ; si le darwinisme "est une religion", que sont donc les thèses dogmatiques qui le contestent ?

Pourquoi rappeler ces luttes ? Parce qu'en 1980, un certain

Ronald Reagan déclarait encore aux États-Unis : “Si l’on se décide à enseigner dans les écoles la théorie de l’évolution, je pense qu’il faudrait aussi enseigner le récit biblique de la création.”

Une dame me disait un jour, dans un repas de la bonne société :

“Mais enfin, monsieur, vous ne me direz quand même pas que mes petits-enfants pourraient un jour être des singes ?”

Que répondre à une pareille question ignorante, en restant poli ?

“Non, madame, ai-je dit, mais rien ne m’empêchera de penser qu’ils pourraient être mongoliens.”

Nous ne pouvons pas clore le débat sans considérer un autre aspect du darwinisme : l’aspect sociologique et pour tout dire politique. L’ouvrage “Marx et Darwin” de Yves Christen et plus encore “La Politique du vivant” de Henry de Lesquen font ce rapprochement.

Marx et Engels se servirent de Darwin en s’appuyant sur l’idée de sélection naturelle plus que sur la “lutte pour la vie”, idée malthusienne pour endiguer le phénomène vital et les extraordinaires capacités de reproduction. Cependant, la lutte pour la vie évoque au sens propre, inévitablement, “la lutte des classes”. C’est sans doute pourquoi, malgré le refus des idées de Malthus, Marx écrivit en 1861 : “Le livre de Darwin est très important et me convient comme base de la lutte historique des classes.”

On sait que le marxisme et Marx lui-même dans son “Capital”, ne poursuivirent pas dans cette voie ; et Engels écrira : “La conception de l’histoire comme une suite de luttes de classes est plus riche et plus profonde que sa simple réduction à des phases à peine différenciées de la lutte pour la vie.”

On sait combien le marxisme a rejeté Darwin avec l’orthodoxie idéologique du botaniste Lyssenko et de Pavlov. Le lyssenkisme refusa, dans la nature vivante, l’existence de structures invariantes, et Brecht disait : “…si le peuple ne nous obéit pas, nous le dissoudrons et nous en nommerons un nouveau”.

Nous pouvons comparer à Rousseau écrivant :

“Quiconque refusera d’obéir à la volonté générale, y sera

contraint par tout le corps ; ce qui ne signifie autre chose sinon qu'on le forcera à être libre !"

Beau sujet, qui n'a pas perdu de son actualité !

Pour la sociologie et la psychanalyse, sciences progressistes, la biologie devient une science réactionnaire ! Manichéisme dialectique.

Jean Rostand a traité le problème dans "L'Homme".

"Lucien Cuénot, écrit-il, reconnaît que la conservation des moins aptes, qui fut l'un des buts des sociétés humaines, se paie par l'amoindrissement de la race. Donc, par l'effet de la civilisation, nul progrès à espérer pour l'animal humain, mais une décadence à craindre."

J. Rostand va plus loin. "Conscients du péril génétique qui menace l'espèce, écrit-il, les partisans de l'Eugénique souhaitent de substituer à la sélection naturelle d'autrefois une sélection artificielle volontaire, et qui, celle-là, porterait non pas sur les individus, mais sur leurs germes."

Répondre à cela que l'idée est réactionnaire, voir "fasciste", est un peu léger, surtout lorsqu'en même temps on est favorable à l'avortement libre !

Dire que cette course vers une superespèce humaine risque d'être une société d'abeilles avec de nouveaux esclavages est beaucoup plus grave. On ne peut éviter d'y réfléchir, car de la décision politique gouvernant les nations dépendra beaucoup le devenir de l'humanité.

Résumons ce que l'homme connaît.

Le soleil et la terre naquirent il y a 4,6 milliards d'années. Pendant tout ce temps où la matière était d'abord seule, voyons quelle a été l'histoire de la vie et de son évolution jusqu'à l'homme.

Essayons de comprendre ce que cette grande farce, que nous aimons sans bien savoir toujours pourquoi, peut offrir de sens et de finalité à l'Homme ?

Il y a 3,5 à 4 milliards d'années que la vie est apparue avec les organismes unicellulaires bactériens et les plantes les plus simples.

Les organismes pluricellulaires ne vinrent qu'il y a un milliard d'années.

Les premiers animaux à squelette externe parurent il y a 600 millions d'années. Puis ce furent les animaux à squelette interne : les poissons à 450 millions d'années, les reptiles à 300 millions d'années et les mammifères à 200 millions d'années. Les dinosaures vécurent 135 millions d'années, pour disparaître il y a 65 millions d'années. Les primates commencèrent il y a 30 millions d'années, et les premiers hommes (Homo erectus), il y a seulement 2 millions d'années.

Pour mieux situer l'histoire, relativisons en prenant l'année comme temps d'existence de la terre.

Notre planète fut formée le premier janvier. Les dinosaures ont régné douze jours et sont disparus depuis le premier décembre. Les grands singes et l'homme sont ici depuis trente-six heures. Le Christ est mort et l'ère chrétienne a commencé il y a à peine treize secondes !

Alors parfois, devant cette longue histoire de l'évolution, certains hommes peuvent oublier les vanités de ce monde pour méditer un peu plus profondément sur le destin humain. La télévision qu'ils regardent si souvent pour des scènes ou des débats futiles, violents ou érotiques, pourrait parfois, en choisissant bien, leur offrir comme s'ils les vivaient des scènes hallucinantes de la vie et de l'évolution que leur orgueil leur permet trop vite d'ignorer.

Par exemple ces films admirables du dimanche après-midi dans "Les quatre dromadaires ", qui sont d'une autre culture que le "Dimanche-Martin" !

Il faut voir la savane qui s'embrase sous les rayons ardents du soleil, quand la défoliation des arbres ne laisse plus d'ombrage, que les herbes meurent, que le sol se craquelle, que le lit des fleuves n'est plus que vase où les derniers trous d'eau se tarissent.

Alors c'est la ruée des herbivores. Le troupeau affolé des gnous trapus, des grandes girafes inquiètes, des zèbres bigarrés, des élégantes gazelles, pourchassés par les félins avides de chair fraîche, guettant les attardés ou les êtres encore trop faibles : troupe de lions, jaguars, tigres, léopards, hyènes, chacals, survolés par la sinistre ronde des vautours.

Une jeune mère gazelle protège son petit, qui vient de voir le jour et tente de rester debout sur ses pattes frêles, et la mère courageuse lutte à coups de corne contre le léopard. Efforts désespérés et combien vains, qui retardent à peine l'étranglement et le sinistre bruit des crocs qui déchirent la chair tendre, dans une dernière ruade des pattes qui n'auront jamais foulé l'herbe fleurie !

Dans les trous d'eau que le soleil évapore, les poissons pris au piège se débattent vainement contre l'asphyxie, et les grands échassiers viennent cueillir cette provende miraculeuse, tandis que les poissons-chats se servent de leurs nageoires comme de pattes pour tenter de fuir dans la vase et de gagner un dernier trou d'eau.

Dans les marigots bientôt à sec, les grands hydrosauriens se battent dans une boue saumâtre, cherchant un coin d'humidité ou d'ombre, comme de gros troncs d'arbres oubliés dans le lit du fleuve. Et l'on voit bientôt, sur toutes les carcasses et les chairs putréfiées, des armées rampantes ou bourdonnantes, un monde d'insectes à la curée, un mouvant spectacle de pattes et de mandibules avides et féroces où le sol paraît bouger.

Mais quand les pluies reviennent, balayant les carcasses dans le lit asséché du fleuve qui devient torrentueux, lorsque tout reverdit, refleurit, et que la fleur garde le papillon prisonnier, dont le corps retombe et dérive sur les flots, offert au poisson ou à l'oiseau qui le happe, alors le troupeau altéré des gnous se bat pour boire sur les rives. C'est l'instant que choisissent les crocodiles affamés pour approcher doucement des bords, à demi immergés comme de vieux arbres noueux dérivant au courant. Les yeux seuls hors de l'eau, ils se laissent glisser dans le courant. Un des plus gros se dresse soudain sur la queue, d'un bond terrible il happe et étrangle dans son énorme mâchoire un gnou robuste, le tire malgré ses ruades dans les gerbes d'eau du fleuve, l'étouffe, le noie et le broie.

Alors c'est la curée des crocodiles !

Tout sera réduit, broyé, décomposé chimiquement dans les appareils digestifs pour retourner à la poussière que reprendra le règne végétal dans sa photosynthèse, aidé par une profusion de micro-organismes.

Seuls les animaux détruisent eux-mêmes leur proie en l'avalant souvent vivante ; qu'importe la souffrance !

"L'ordre revient donc après sa régression obligatoire. La vie impose sa néguentropie passagère, qui s'intercale dans l'application du deuxième principe de la thermodynamique de l'accroissement de l'entropie", écrit Jean Vague.

Dans cette vision angoissante qui pourrait être un tableau du paléolithique inférieur, il y a 700000 ans, avec des archantropiens qui commençaient à tailler les silex, peut-on imaginer les angoisses de nos ancêtres et leurs luttes effrayantes pour la vie.

Était-ce cela le paradis ?

Devant une telle orgie de semences, une telle hécatombe de vies, un aussi sombre abîme de souffrances, que pouvons-nous retenir qui ne soit pas hors de l'entendement humain et d'une morale transcendante ?

Le fait que l'espèce humaine soit carnivore et que l'homme, par sa démographie incontrôlée, soit le plus grand prédateur, n'apporte qu'un peu plus de remords dans les consciences honnêtes.

Avoir domestiqué les animaux herbivores les moins hostiles, pour en faire des esclaves que l'on dévore est une tare de l'humanité. Bien sûr, à notre table nous ne les avons pas vu mourir. Nous n'avons pas vu ces animaux vivants, entassés sans air dans les grandes bétaillères, roulant au soleil sur des centaines de kilomètres pour aller aux abattoirs ; et nous n'avons pas vu le petit veau que l'on tire brutalement, devant la dépouille encore fumante de son frère mort, et qui se raidit des quatre pattes en pleurant toutes les larmes de son corps.

Moi, je l'ai vu !

Et c'est aussi cela, la tristesse de la vie !

LE FOURRE-TOUT GÉNÉTIQUE

"Le propre de la vie est de se construire elle-même, de s'organiser, de s'individualiser contre les autres êtres vivants."
Jean Vague (L'Aurore au gué du Iaboc)

"... Il y a aussi quelque chose de rassurant à savoir que, si les chromosomes humains n'enregistrent pas le bien, il n'enregistrent pas davantage le mal. Les progrès individuels ne s'inscrivent pas dans l'hérédité, mais non plus les régressions, les erreurs, les préjugés."
Jean Rostand (L'Homme)

"Nous commençons tous notre existence à partir d'une cellule initiale qu'on appelle le "zygote", c'est-à-dire tout bêtement l'œuf."
Roland Martin - France Renucci

Il n'est pas question ici d'entrer dans le développement de la génétique, dont la spécialisation reste une des disciplines les plus complexes de la science, et dont les résultats paraissent toujours ceux d'une vérité inachevée.

Les nombreuses thèses et les querelles qui perdurent entre évolutionnistes et créationnistes, pour savoir, avec Michael Denton, si les horloges moléculaires infirment l'évolution, ou comme Allan Wilson si elles nous font descendre d'une Ève africaine ; ou encore si, comme le prétend Jérôme Lejeune, il y a eu monogénisme avec un Adam et une Ève jumeaux dont l'un aurait perdu son chromosome Y, n'ont qu'un caractère épisodique.

C'est une question du même ordre que de connaître si le premier homme, supposé créé en dehors de l'évolution, aurait eu un nombril ?

Pour les profanes que nous sommes en la matière, il reste suffisamment de questions à poser sur la création sans nous aventurer en des labours mal défrichés.

N'est-il pas suffisant de comprendre que, pour connaître les plans et les conditions de notre création, il faut pénétrer dans l'infiniment petit, avec une optique que seuls les chercheurs possèdent.

Le microscope élémentaire grossit jusqu'à mille fois, le microscope électronique grossit cent millions de fois et permet de visualiser des molécules. Le laser optique et le microscope à effet tunnel vont presque à l'atome.

Pour celui qui regarde et voudrait comprendre la vie, avec cet esprit commun qui prime, par nature, l'unicité et l'ordre, il reste une appréhension d'un monde inconnu, énigmatique et inquiétant.

C'est savoir que l'ovule féminin dont il est né mesurait 0,12 mm de diamètre, et la petite cellule du spermatozoïde masculin 0,05 mm, connaître tout le parcours utérin pendant lequel l'ontogenèse reproduit toute l'histoire de la phylogenèse avec le passage successif de l'embryologie des Sauropsidés, c'est-à-dire des oiseaux et des reptiles.

Toute cette remontée de la phylogenèse, en particulier le vestige de queue de nos lointains ancêtres reptiliens, appelle à la méditation, tant par sa complexité que par sa signification. Savoir dans quelles conditions l'œuf est porteur de toutes les potentialités de l'embryon, ou si ce dernier se réalise progressivement et dans cette induction, quel est le centre organisateur et les substances inductrices, laisse encore tant de problèmes en suspens que les réponses apparaissent bien lointaines.

Savoir que nous sommes des Métazoaires avec 10000 milliards de cellules de 5 à 10 microns, véritables usines chimiques, porteuses du mystérieux A.D.N., ou acide désoxyribonucléique, assemblé sur deux hélices dans les chromosomes. Connaître que ces véritables cartes géniques sont capables de réplication et responsables de l'hérédité, avec les six corps chimiques composant l'A.D.N., et qu'ils constituent l'alphabet génétique dont les combinaisons représentent le code de la vie. Nous dire aussi qu'à l'échelle microscopique, chacune de nos cellules compte ainsi un mètre d'A.D.N. s'il était déroulé, autorisant 6 millions de combinaisons, alors que 100 combinaisons suffiraient déjà à la formation de 4 puissance 100 A.D.N. différents, chiffre inimaginable à notre conscience des nombres !

Comment en sommes-nous arrivés à cette porte ouverte sur l'indicible du génétique qui nous apprend que tout être vivant possède son propre plan d'architecture qu'il utilise seul pour se construire lui-même, et qu'il est capable de se reproduire en transmettant son plan de construction à sa descendance ?

Toutes les découvertes en cette discipline sont d'origine naturaliste avec l'observation des succès obtenus dans les techniques d'amélioration des espèces végétales ou animales, par des générations de jardiniers ou d'éleveurs. Ce fut le point de départ de Darwin qui étudia aux îles Galapagos, les moyens naturels de sélection dans la "comparaison des races domestiques et des espèces véritables".

C'est, il y a moins de deux siècles, qu'un petit moine génial de Moravie, frère Grégor Mendel, simple jardinier de son monastère, s'intéressa à ses petits pois autrement qu'en leur qualité culinaire.

Il en avait deux catégories, des petits pois à grains lisses et à grains ridés. Curieux, frère Grégor les croisa et n'obtint que des grains lisses.

Mendel avait découvert le caractère dominant et le caractère récessif. Il en établit mathématiquement les lois de première génération et des générations hybrides suivantes. On ne reconnut la découverte qu'après sa mort, et ses lois étaient celles de l'hérédité pour toutes les espèces.

Philosophiquement, on peut sans doute se poser la question : de quelle nature est la loi qui décide des caractères dominants et quels en sont les mobiles ?

Ainsi, entre le blond et le noir de nos cheveux, les gènes ont leur mot à dire.

Mais alors ? Pourquoi suis-je né parfaitement blond pour devenir noir comme le jais ? “Dieu ne joue pas aux dés”, pensait Einstein. Soit, mais le jeu est bien obscur pour un esprit humain qui n'a d'autre recours qu'en lui-même et qui aime la clarté.

La théorie chromosomique de l'hérédité et la notion de gène sont devenues si complexes que le vocabulaire lui-même a varié depuis le début du siècle.

Le gène, dans la théorie génétique moléculaire moderne, désigne un élément séquentiel d'A.D.N. des chromosomes dans lequel l'ordre des quatre bases constitue le code génétique.

On sait que le gène existe par ses effets où il conditionne en bien ou en mal la réalisation et la transmission d'un caractère déterminé à l'échelle du millième de millimètre. Il peut ainsi déterminer la couleur de nos yeux, bâtir leur optique merveilleuse, ou faire leur daltonisme, créer l'hémophilie ou le mongolisme, déterminer notre groupe sanguin ou les boucles de nos cheveux.

C'est par tous ces caractères que le gène est inquiétant, puisqu'au moment où l'évolution biologique vers la complexification semble devoir stagner par un refus de la sélection naturelle jusqu'alors acceptée, l'homme sait aujourd'hui établir la banque des gènes, les isoler et les manipuler en vue de mutations artificielles.

Cette incursion dans le domaine de l'infiniment petit nous rend aussi dérisoires que notre regard vers l'infiniment grand.

La génétique qui donne à l'homme 22 paires de chromosomes plus une paire de chromosomes sexuels X ou Y pour la femme et pour l'homme, s'inscrit bien dans la théorie néodarwinienne puisque l'espèce humaine, au point de vue génétique, est à 99 % la même que celle du chimpanzé, même s'il en diffère anatomiquement de 60 %.

Voici que l'Homme, après avoir domestiqué à son service et pour son alimentation presque tous les animaux, commence à domestiquer les micro-organismes de l'infiniment petit.

Ainsi fait-il des bactéries pour en créer des usines pharmaceutiques, et comme les voies de destruction sont toujours prioritaires chez l'homme, il sait fabriquer des armes bactériologiques.

Mais on commence à avoir peur des apprentis sorciers et des laboratoires du génie génétique ; jusqu'où iront-ils ?

Fabriquerons-nous un jour des bactéries que nous ne saurons plus contrôler, déclenchant des épidémies apocalyptiques ?

En supposant que quelque catastrophe cosmique n'abrège pas la vie de notre espèce sur la Terre, comme il en fut des dinosaures, pourquoi ne retiendrait-on pas la conclusion de Jean Rostand dans "L'Homme" ?

"Que le rideau s'abaissât avant la fin du drame, cela n'aurait d'ailleurs aucune importance, puisque, aussi bien, l'acteur est ici l'unique spectateur.

"Nulle part ailleurs, personne ne vivra la mort de la pensée humaine, et quand le dernier esprit s'éteindra sur la terre déserte, l'univers ne sentira même pas sur lui le passage d'une ombre furtive..."

LE PHYLUM HUMAIN

"Yahvé Dieu façonna l'Homme, poussière tirée du sol, il insuffla dans ses narines une haleine de vie, et l'homme devint un être vivant."
Bible Osty (Genèse 2,4 - 2,14)

"Nulle part les choses ne sont moins compréhensibles qu'à leur début. Semblable au fleuve qui s'appauvrit graduellement, puis disparaît dans un bourbier quand on parvient à son origine, l'être s'atténue, puis s'évanouit quand nous essayons de le diviser toujours plus minutieusement dans l'espace, ou (ce qui revient au même) de le rejeter toujours plus profond dans le temps."
Teilhard de Chardin (Apparition de l'homme)

Mammifères voisins des Insectivores, mammifères voisins du Tarsier, mammifères proches des Singes, mammifères anthropoïdes et préhumains : voilà quelques-uns des derniers jalons de l'évolution organique jusqu'à la forme humaine."
Jean Rostand (L'Homme)

Répondant aux paroles de la genèse, l'astronome anglais E.A. Milne écrit : "Nous ne pouvons faire aucune proposition relative à l'état des choses (au commencement) ; dans l'acte divin de la Création, Dieu n'apparaît jamais et n'est jamais observé."

À cette remarque, pour laquelle nous n'avons plus à parler "d'acte divin", nous pouvons mettre en parallèle la pensée du père Teilhard de Chardin, relativement à la connaissance de l'apparition de l'homme.

Remonter à la source du phylum humain, comme à la source du fleuve, dans un temps et un espace initiaux, conduit où tout "s'évanouit".

Tout, sauf avec un certain nombre de processus qui permettent de reconstituer une part de vérité dans une analyse que Teilhard ignorait encore, tant la connaissance évolue exponentiellement, ce que Jean Rostand lui reprocha injustement.

Dans l'analyse phylogénétique, avant 580 millions d'années, la rareté des fossiles interdit la paléontologie. Mais l'embryologie comparative permet de remonter aux grands groupes métazoaires, et la biologie moléculaire comparative autorise presque d'aller jusqu'aux origines de la vie à 4 milliards d'années.

Compte tenu de ce progrès, essayons de comprendre le phylum humain comme le présente Jean Rostand.

Lorsqu'un architecte veut construire un édifice, il commence à approvisionner les matériaux qui lui sont indispensables. Il en prépare ensuite les éléments à assembler dans la construction, et fait les plans, avant d'élever les murs, et de mettre fenêtres et portes pour voir et entrer. Ensuite il construira un escalier s'il agrandit avec un étage, et mettra une charpente et un toit pour s'abriter.

Si, par surcroît, notre homme est artiste, il voudra donner une belle et agréable architecture à sa construction, tout en faisant qu'elle soit la plus fonctionnelle possible.

Or, dans la construction du phylum humain, il semblerait plutôt que notre bâtisseur agisse comme un novice, et qu'il fasse des essais, démolissant ce qui n'a pas tenu à l'usage, améliorant par toutes petites touches imperceptibles pour rendre plus fonctionnel et plus pratique, avec des erreurs qu'il lui faut démolir, et des réalisations parfois fort inesthétiques, cela pendant 3,5 à 4 milliards d'années pour passer des insectes à l'homme.

Méthode expérimentale, direz-vous? Et pour faire un homme, cette perfection, on voudrait vous y voir!

D'accord; mais quand on est Dieu?

Enfin, même si nous doutons de la perfection, et surtout de sa finalité, nous n'y pouvons rien.

Subissons. Et puisque nous sommes à la fois acteur et spectateur, que le maître de ballet se désintéresse de la pièce, essayons au moins de comprendre ce que la nature des choses nous enseigne.

Dès que la température et l'atmosphère terrestres le permirent, il y a 3,8 milliards d'années, apparurent les premiers organismes unicellulaires archaebactéries et bactéries, sans ou avec noyau. Même si l'on ignore quelles furent les premières, ce sont les pierres primordiales dont l'analyse de l'évolution des protéines a permis de bâtir les arbres généalogiques des organismes pluricellulaires.

Une longue période de quelques milliards d'années ne permit les premières manifestations de la vie que dans les mers, l'atmosphère restant hostile à l'aventure extra-aquatique.

Alors apparurent les algues, les éponges et les premiers organismes pluricellulaires au sein desquels prirent naissance les premières divergences d'espèces.

Selon Lucien Cuénot, se distinguèrent alors deux groupes importants. L'un se trouva disposer d'un système nerveux situé en majeure partie au-dessus du tube digestif, l'autre posséda un système nerveux disposé au-dessous. L'homme appartient évidemment au premier groupe. C'est vers - 435 à - 410 millions d'années qu'apparut la flore terrestre, et que les fleurs, les fruits et les arbres envahirent le sol.

Ce passage par l'ère végétale fut indispensable afin que l'oxygène puisse être libéré dans l'atmosphère sous l'effet des radiations solaires.

La chlorophylle des plantes permit la photosynthèse dont l'énergie en réduisant l'eau libère l'hydrogène, qui réduit à son tour l'anhydride carbonique en libérant l'oxygène. Cet oxygène permettra l'arrivée des organismes aérobies auxquels il est indispensable, notamment à l'homme, et permettra au monde aquatique de tenter sa chance sur la terre ferme.

Les Tétrapodes, poissons dont les nageoires se transformèrent en membres locomoteurs pourvus de cinq doigts, apparurent il y a 400 millions d'années. Ces vertébrés, d'abord amphibies, étaient dotés d'une respiration pulmonaire et d'une circulation sanguine double, qui deviendra totale chez les Mammifères.

Ils sont enfin dotés d'un œuf amniotique qui évite leur naissance dans l'eau.

Bientôt, il y a 230 millions d'années, dans le Trias, sont apparus les Dinosaures qui sont restés 165 millions d'années les maîtres de la terre !

Leurs squelettes se trouvent sur toute la terre.

Les inférences de Cuvier à partir d'une dent, si brillantes fussent-elles, ne permettent pas de tout restituer sur leur nature, et l'on se querelle toujours pour savoir si les dinosaures étaient à sang froid comme les serpents, ou à sang chaud comme les mammifères.

Ce qui paraît certain, c'est que la robustesse de leurs membres permettait une locomotion rapide et qu'ils étaient totalement terrestres, parfaitement adaptés à la gravité et non plus semi-aquatiques.

Herbivores ou carnivores, leurs dentitions, comme celle du Tyrannosaurus Rex, laissent supposer des combats effroyables entre ces monstres de plusieurs tonnes, longs d'une dizaine de mètres.

Nous connaissons la description si imagée de Jules Verne, dans son "Voyage au centre de la Terre où il fait renaître le spectacle en son imagination fertile.

"Le pachyderme Lophiodon, ce tapir gigantesque, se cache derrière les rocs prêt à disputer sa proie à l'Anoplotherium, animal étrange, qui tient du rhinocéros, du cheval, de l'hippopotame et du chameau, comme si le Créateur, trop pressé aux premières heures du monde, eût réuni plusieurs animaux en un seul… Plus haut, le Ptérodactyle, à la main ailée, glisse comme une large chauve-souris sur l'air comprimé."

L'existence de tels monstres féroces fut-elle une erreur de la Création ?

Pourtant, leur longue présence de 150 millions d'années n'a rien d'une régression, bien au contraire, et leur activité comme leur mode de vie paraissaient bien établis. On discute encore sur les causes qui, il y a 65 millions d'années, les firent disparaître avec de nombreux autres êtres vivants, soit qu'elles furent la conséquence d'un grave sinistre cosmique, comme la rencontre d'un astéroïde ou d'une comète avec la terre, ou, selon une théorie plus récente, l'effet du paroxysme volcanique qui donna naissance aux énormes épanchements basaltiques de Deccan ?

Comment ne pas s'interroger sur la finalité d'une naissance et d'un avenir de monstres effroyables, au pitoyable cerveau gouvernant des tonnes de chair, et dont l'espèce n'aurait peut-être trouvé aucune cause d'extinction sans une catastrophe naturelle ?

Que serait-il arrivé si ces monstres avaient perduré, empêchant le règne des mammifères et l'arrivée de l'homme ? Fallait-il pour cela les détruire ?

Le problème n'est pas scientifiquement résolu, et l'on s'attache plus facilement à connaître les conditions de divergences des espèces qu'aux raisons de leur disparition. Si un certain nombre d'hypothèses cosmiques sont le plus souvent avancées, en particulier l'existence de Némésis (la Vengeance des dieux), étoile qui viendrait cycliquement bouleverser le nuage de poussière cosmique, dit "nuage de Oort", en obscurcissant notre système solaire, l'hypothèse vaudrait bien l'histoire rocambolesque du vieux père Noé.

Dans quel sens un autre arbre phylétique aurait-il pu s'épanouir, par les duplications, les mutations, les augmentations et autres remaniements du matériel génétique des Dinosaures, dont le gigantisme et la puissance avaient, pour seul critère de la sélection biologique, la force et non pas l'intelligence ?

Descendants des reptiles mammaliens, qui avaient donné naissance aux Archosaures (Dinosaures), les mammifères étaient restés discrets, en faible population peu diversifiée et de très petite taille.

Pendant leur longue éclipse du Secondaire, sur 165 millions d'années, ils avaient ainsi évité d'être en totalité la proie des grands carnivores Archosaures.

Leur conquête des territoires libérés par les Dinosaures et leur diversification furent explosives.

Deux grandes branches naquirent : les Marsupiaux et les Placentaires. Les premiers ne survécurent qu'en situation insulaire (notamment en Australie et en Nouvelle-Guinée), et ce sont seulement les seconds qui s'adaptèrent le mieux sur l'ensemble des continents.

La variété grandissante des espèces au fur et à mesure de l'occupation des continents a posé de nombreux problèmes au cours des migrations et des événements géologiques, qui eurent des conséquences tant évolutives que limitatives, voire d'extinction, sur toutes les migrations des mammifères depuis la disparition des Dinosaures. Cela explique notamment de nos jours les faunes originales de l'Australie ou des deux Amériques, celle du sud étant restée isolée par les mers pendant 60 millions d'années.

Une aussi grande diversité d'espèces, malgré les extinctions, auxquelles l'homme participe de plus en plus impunément, pose toujours la question d'une finalité des choix qui purent conduire a des solutions apparemment abracadabrantes. N'y avait-il aucune logique de planification, et comment les arbres phylétiques purent-ils pousser autant de ramifications ?

Quels sont les troncs communs, voire le tronc unique, d'une genèse enfin appréhendable ?

La sélection néo-darwinienne peut-elle justifier toute cette évolution ?

La vérité réside dans ce que le simple peut toujours être le point de départ du compliqué, l'unité primaire devant toujours se retrouver.

En montrant le déroulement de l'ontogenèse de l'homme, nous

avons rappelé la remarque de Ernst Haeckal, "l'ontogenèse récapitule la phylogenèse", et nous nous posions la question : quelle leçon peut-on en tirer ?

C'est Garstang (1922) qui a répondu : "l'ontogenèse ne récapitule pas la phylogenèse, elle la crée".

Cette remarque enrichit la recherche entre évolution et embryologie dans une synthèse venue largement expliciter et élargir le champ des mobiles de la sélection néo-darwinienne, avec la biologie moléculaire du développement, la génétique, voire l'écologie et l'éthologie. "L'hétérochronie" de Gavin de Beer (Embryos and Ancestors - 1958), qui fait la comparaison entre ancêtres et descendants ou individus d'espèces voisines, permet de mettre en évidence les trajectoires ontogéniques, où l'on constate qu'avec des origines identiques, des différences apparaissent entre espèces, par une chronologie et des taux de croissance avancés ou retardés, qui modifient les morphologies embryonnaires. C'est donc bien l'ontogenèse elle-même qui opère les modifications sur l'embryon, par exemple avec un temps et un taux de croissance pouvant allonger un os ou modeler une boîte crânienne.

Ainsi, entre le singe anthropomorphe et l'homme, la phase embryonnaire, depuis l'œuf, met six semaines de plus chez l'homme, conduisant à tripler le nombre des neurones humains.

Ces recherches ouvrent de riches horizons, même si elles restent l'objet de controverses, comme toujours entre les chercheurs.

Ainsi, toutes les disciplines ont concouru à éclairer les conditions d'apparition de l'homme depuis les primates il y a 30 millions d'années, telles que les découvertes fossiles le laissaient prévoir.

Pour répondre à la complexité de l'arbre phylogénétique de l'évolution des primates, il faut sans doute prendre en considération toute son histoire temporelle, avec l'apparition de mutations primaires dont le voisinage n'empêchait pas les croisements encore possibles entre individus, la proportion des mutés pouvant alors dominer en des cases écologiques choisies par nécessité pour des raisons, alimentaire, climatique ou autre.

Comment dès lors donner une meilleure réponse que celle du père Teilhard de Chardin dans “L’Apparition de l’homme”, où il écrit :

“On a cherché parfois à regarder comme “régressifs” les groupes humains qui font aujourd’hui (ou qui ont fait autrefois) bordure aux régions axiales de l’humanité. Les Australiens actuels (autochtones) par exemple seraient des dégénérés. Cette vue des choses ne me paraît pas scientifique. Outre qu’on ne voit pas du tout par quel prodige une dégénérescence (d’origine morale est-il insinué) ferait s’effacer un menton, s’épater un nez, s’allonger une face, disparaître des fosses canines, apparaître un tubercule aux molaires, c’est-à-dire aboutirait précisément à faire ressembler un peu plus l’homme aux singes… l’analogie de tous les faits connus en paléontologie parle formellement en faveur d’une interprétation toute différente. Non, les races dites inférieures ne sont pas des races déchues ; ce sont tout bonnement des races divergeant de la nôtre, qui conservent ou qui accentuent certains caractères éliminés par les races plus vigoureuses qui triomphent aujourd’hui.”

Quel malheur que Christophe Colomb, ou les Blancs d’Australie, n’aient pu lire Teilhard de Chardin ; bien des crimes auraient été évités !

HASARD ET NÉCESSITÉ

"La contrainte est-elle autre chose qu'une nécessité dont on s'aperçoit ? Et la nécessité n'est-elle pas une contrainte dont on ne s'aperçoit pas ?"
Voltaire

"La nécessité donne de l'industrie, et souvent les inventions les plus utiles ont été dues aux hommes les plus misérables."
Bernardin de Saint-Pierre (Paul et Virginie)

"Disons que les "conditions initiales" de sélection que rencontre une mutation nouvelle comprennent à la fois et de façon indissoluble, le milieu extérieur et l'ensemble des structures et performances de l'appareil téléonomique."
Jacques Monod (Le Hasard et la Nécessité)

"On dirait qu'il y a deux mondes : le monde de la nécessité et le monde de la liberté."
Jean d'Ormesson (Presque rien sur presque tout)

Nous avons dit antérieurement ce que nous pensions de la liberté. Comme Voltaire l'écrit, la nécessité est en contrepoint de la liberté suivant qu'on l'aperçoit ou non. La liberté, c'est la technique du “coup de pouce”, nous dit encore Jean d’Ormesson. Dans le monde indéterminé de Karl Popper, cela peut être le trois fois rien qui chambarde le tout. Le vol du papillon et le cyclone, par exemple.

Doit-on croire alors que la liberté fait de l’homme “une sorte de dieu”, même subalterne ?

C’est beaucoup dire !

Qu’est-ce donc cette nécessité que la plupart du temps nous ne verrions pas, tout en lui obéissant ?

Faut-il y inclure seulement les limites que nous imposent les lois propres à l’univers auxquelles nous appartenons à part entière, comme l’hérédité, et les conditions individuelles propres à notre être ?

Il y a un peu de tout cela avec, en plus, le milieu extérieur dont parle Monod, où l’existence devient nécessité de faire les choix de Paul et Virginie pour survivre.

Car il y a une certaine difficulté à rejeter la “lutte pour la vie” darwinienne (même si elle n’est pas de Darwin lui-même), comme “une idée appauvrie et naïvement féroce” de la sélection naturelle.

Hélas, même sur le plan politique, qu’est-ce donc que “la conquête d’un espace vital” ou de territoires propres à tous les animaux du Monde, dont l’homme ? N’est-ce pas là l’histoire de la vie, et n’est-elle pas véridiquement féroce ?

Lutter pour la survie est une nécessité de la vie, et il n’existe aucune idéologie morale pour la nier; d’ailleurs, ne serait-ce pas nier la vie ?

Que le hasard, selon Monod lui-même, se limite aux microprocessus, et que la sélection doive s’opérer “sur les produits du hasard et ne puisse s’alimenter ailleurs” paraît évident.

Par contre, que sur ces mutations “au hasard” il ajoute qu’une sélection déjà “s’opère dans un domaine d’exigences rigoureuses dont le hasard est banni”, et qu’il ait appelé cela “la téléonomie”, apparaît contraire à son postulat scientifique d’objectivité, en ce sens qu’il admet l’hypothèse d’un “projet” ou d’une “finalité” d’essence métaphysique.

Que les seules mutations retenues le soient toujours dans un sens finaliste transcendant de complexification, dirait Teilhard de Chardin, est contraire à l'esprit objectif. Cette idée repose même la question des possibilités de mutations en remettant en cause le hasard même. Autrement dit, la nécessité ne trouve-t-elle pas ses raisons dans les seules possibilités de réplication de ces mutations ? Les lois de Mendel ne posent-elles pas le problème des caractères dominants et récessifs, et les lois physico-chimiques mises en œuvre n'autorisent-elles pas qu'une vingtaine d'A.D.N. ?

Ces nécessités appartiennent-elles à la téléonomie ?

Le refus du biologiste d'admettre des "régressions" possibles dans les mutations, pourrait s'expliquer, peut-être, par des nécessités qui ne fassent pas appel à des lois de valeurs, lesquelles n'apparaissent nulle part dans la nature. Le contraire reste une utopie métaphysique, sinon, pourquoi trouve-t-on des hémophiles, des daltoniens ou des mongoliens ?

Si la sélection naturelle retient ensuite les plus évolués, c'est parce qu'ils se trouvent être les plus aptes à la nécessaire survie.

Cela n'exclut nullement le hasard pour répondre à la tautologie de Chauvin contre l'adaptationnisme d'un néodarwinisme mal compris. Sinon, pourquoi le rhinocéros indien aurait-il une seule corne, alors que l'africain en a deux ?

Le meilleur ici n'a pas de signification.

La sélection naturelle répond donc en priorité aux nécessités de survie dans le milieu extérieur, selon les nombreuses conditions que la situation implique.

C'est en ce sens qu'il faut comprendre la nécessité, et pour en expliciter la nature et la diversité des problèmes, il suffit de reprendre l'histoire de l'Évolution du vivant.

Le problème alimentaire a toujours été et reste, même pour l'homme, le problème crucial de la vie dans le cycle infernal où la vie nourrit la vie. Chaque fois qu'une surpopulation est apparue, il a fallu que les espèces réduisent leur nombre, se procurent de nouveaux garde-manger, ou disparaissent.

C'est sans doute la surpopulation du milieu marin, avec le manque de plancton ou de proies, qui nécessita pour le monde aquatique la désertion des eaux, en émigrant vers le milieu végétal avec, pour un poisson, le moyen le plus primitif qu'est la reptation, comme on voit encore le poisson-chat rampant dans la vase à la recherche d'un dernier trou d'eau. Mais il fallait des poumons et des nageoires solides pour cette reptation ; ce sont donc les crossoptérygiens, robustes comme des saumons, qui purent tenter pareille aventure, il y a 350 millions d'années.

De là naquirent les amphibiens vivant entre l'eau ou la terre, et ensuite les reptiles mammaliens avec tous les problèmes de la vie terrestre : peau plus épaisse, nageoires puissamment ossifiées qui deviendront des pattes, d'abord écartées comme les nageoires, puis rassemblées sous le corps ; augmentation de la rapidité des mouvements pour saisir les proies ou éviter le prédateur jusqu'à la station bipède permettant la course.

Nécessité d'une plus grande énergie pour répondre à la gravité nouvelle hors de l'eau, énergie supplémentaire qui conduira au métabolisme à sang chaud et double circulation du sang, pour stabiliser les températures du corps qui doit évacuer la chaleur des énergies nouvelles dépensées, enfin cerveau plus évolué pour commander ces actions.

L'ancêtre des Dinosaures, il y a 225 millions d'années, était ainsi bipède, avec des pattes robustes et des membres antérieurs puissamment armés de griffes.

Les grands Dinosaures bénéficièrent d'une agilité et d'une motricité accrues, mais restèrent, pour la plupart, à sang froid. Certains herbivores atteints de gigantisme pesèrent jusqu'à cent tonnes, ce qui les obligea à redevenir quadrupèdes, dans une évolution plutôt régressive.

Cent millions d'années imposèrent-ils la nécessité du gigantisme pour augmenter les chances de survie ?

C'est probable puisque, parallèlement, les autres branches des reptiles mammaliens ne purent survivre qu'à condition d'être de petite taille, comme les rats et les souris, capables de se terrer et de ne pas intéresser les grands monstres carnivores.

Ces petites créatures, qui étaient de vrais mammifères et qui furent sauvées de l'hécatombe, devinrent, à la disparition des Dinosaures, les ancêtres de toutes les espèces actuelles.

On peut alors vraiment se demander où l'on voit ici une finalité téléonomique ou métaphysique.

Personne ne saurait démontrer qu'un dieu a créé l'Univers et l'Homme sur un projet. Par contre il est bien certain que l'homme a inventé Dieu pour justifier ses projets personnels.

Dans toute cette longue histoire de notre monde vivant - sans que nous sachions s'il peut en exister d'autres ailleurs - déployée sur 3,5 à 4 milliards d'années, on a pu remarquer combien l'évolution a été lente, sur des milliards de générations multipliées par les inchiffrables reproductions sexuées, glanant tous les perfectionnements imperceptibles au hasard des rencontres.

Tous ceux qui n'acceptent pas un prochronisme divin dans la complexification du vivant de la bactérie jusqu'à l'homme peuvent, s'ils en ont l'honnêteté, voir que la lente montée vers l'humain n'est pas exempte d'une certaine logique mathématique de sélection naturelle, qui se résume dans la seule nécessité de concourir à la pérennité de la vie devant la mort.

Trouver une loi plus simple exigerait l'immortalité.

Cela n'empêchera jamais les dogmatiques de crier à l'imposture en cherchant une crédibilité dans les métaphores. Ainsi d'un certain abbé Georges de Nantes en 1971, critiquant Monod à qui il reprochait d'écrire : "l'évolution est le fruit du hasard".

Admirez la démonstration. L'abbé suppose qu'à Toulouse la chaîne de montage de la Caravelle est entièrement programmée et automatisée. "Là-dessus, prodigieux événement, un beau jour, au lieu d'une Caravelle, on voit sortir le Concorde ! Hasard de la manipulation, nécessité de la mécanique ont créé le Concorde !" conclut l'abbé.

Faut-il rire ou pleurer sur la sottise humaine ?

ÉROS

"Le monde n'est fait que de morts et il n'est fait que d'enfants. Et il est fait d'enfants parce que le sexe est par excellence le désir même et un plaisir. Et un plaisir si fort qu'il peut s'arrêter sur soi-même et ne pas faire d'enfants."
Jean d'Ormesson (Presque rien sur presque tout)

"L'amour a plus d'ardeur pour conquérir que pour conserver."
Rivarol (Pensées philosophiques)

"Boire sans soif et faire l'amour en tout temps, Madame, il n'y a que cela pour nous distinguer des autres bêtes."
Beaumarchais (Le Mariage de Figaro)

"L'amour, toujours, n'attend pas la raison."
Racine (Britannicus II - 1)

La théogonie primitive des Grecs admettait deux dieux à la naissance de l'Univers sortant du Chaos : Gaïa, la Terre, et Éros, le désir.

La terre et ce qui la fécondait, n'était-ce pas assez pertinent ?

Jean d'Ormesson nous dit "le sexe", car depuis mai 1968 le langage est beaucoup plus cru. Il ajoute même, en respectant la grande liberté des mœurs et des mots : "Mieux vaut baiser que penser". Chacun sait bien de nos jours que le sens du verbe, depuis Ronsard, a perdu la pudeur des Amours, où :

"Ne viendra point le temps que dessous les rameaux,
Au matin où l'Aurore éveille toutes choses,
...
Je vous puisse baiser à lèvres demi-closes."

La vie avait-elle d'autres choix que la reproduction puisque, nous dit le professeur Jean Vague : "À la mort, tôt ou tard inéluctable de l'individu, la nature oppose la perpétuation de l'espèce."

Comment ? La reproduction étant nécessaire, la nature a choisi la reproduction sexuée. On ne saurait l'en critiquer, puisque le moyen choisi permet, en regroupant le capital génétique de deux individus, de soumettre, au hasard des rencontres, la combinaison des mutations pour une évolution des espèces.

Hermaphrodite au départ, le même individu portant les gonades mâles et femelles, il fallait la différenciation sexuelle mâle et femelle pour augmenter le hasard des fécondations entre individus différents.

Chaque individu nouveau possède ainsi une moitié du capital génétique du père et de la mère, avec en plus deux chromosomes sexuels identiques pour les femelles, ou différents pour les mâles.

Le moyen d'obtenir la fécondation de l'œuf que porte la femelle, par les gamètes mâles, n'avait donc d'autres moyens que l'accouplement. Pour arriver à ce résultat, la nature a multiplié généreusemat les procédés sans que l'on sache bien quel est le plus original. Dans le groupe des argonautes, nous dit Jean Vague, le long fouet du bras copulateur "chargé de gamètes mâles, se détache et reste fixé sur la femelle". Et il cite encore la cas des insectes où, "le mâle, son devoir accompli, est mangé par sa compagne".

Voilà qui, à moins d'inconscience, doit gâter le plaisir, mais comblera certaines féministes !

Il a bien fallu pourtant que la nature, décidément pleine d'imagination, ait trouvé des moyens pour favoriser, voire provoquer la copulation. Alors elle a mis tous les artifices en branle pour réussir : les odeurs, les chants, les danses, la séduction des couleurs... Mais évidemment, le plus réussi c'est le plaisir, d'ailleurs partagé entre le mâle et la femelle.

Quant aux organes de reproduction, le sexe que Jean d'Ormesson met en exergue, tel qu'il s'est développé chez tous les mammifères et qu'Adam et Ève auraient subitement couvert d'une feuille de vigne, il faut bien reconnaître que la religion en a fait un objet obscène, ce qui était aussi grotesque que d'en faire un objet culturel et de pornographie.

Pour l'enfant qui n'a pas encore ressenti les premières pulsions de la puberté, les démonstrations sexuelles, de mode à l'école enfantine, ont plutôt un effet répulsif quand le désir n'en est pas connu.

La vie joue bien son jeu pour assurer sa pérennité !

Or, voici que notre civilisation décadente cherche à tricher, elle veut le plaisir en désobéissant à la loi de perpétuation de l'espèce, et refuse les enfants.

La civilisation laïque moderne, non seulement utilise des moyens contraceptifs, mais plus encore elle détruit les enfants. L'église s'insurge contre ces procédés. Pour elle, même l'acte conjugal incomplet est un péché mortel.

L'une et l'autre oublient les lois de la nature !

La civilisation parce qu'elle détruit la vie ; l'église et la laïcité parce qu'elles oublient la sélection naturelle qui avait toujours su jusqu'ici contenir les populations dans les limites vitales et permettre le devenir des plus aptes dans l'évolution.

L'une de ces conceptions aboutira à une surpopulation humaine qui rendra la terre inhabitable.

L'autre qui, tout en pratiquant la plus sévère sélection des animaux ou des végétaux que nous mangeons ou réservons à nos plaisirs, refuse toute sélection humaine en prétextant l'égalitarisme et un faux respect de l'homme pour garder les avortons, tout en tuant les fœtus humains qui seraient peut-être des êtres exceptionnels.

Ainsi une femme, échappée miraculeusement au génocide nazi, a-t-elle pu faire voter une loi qui a déjà tué dans l'indifférence, rien qu'en France, 3 millions d'enfants dans le ventre de leur mère !

Et, comme il ne faut plus d'enfants, vive l'homosexualité, quand on ne se sert pas des enfants eux-mêmes pour le plaisir, dans la pédophilie.

Alors, à notre époque, en dehors du charnel, du sensuel, du sexuel, du corporel, du matériel, du terrestre, et pour tout dire du grossier et du vulgaire, que reste-t-il de l'Amour ?

N'est-ce pas déjà la conscience de l'altérité, le respect de l'autre ?

Même en amour charnel, l'amour non partagé c'est le viol, et il y a cent façons de violer l'autre !

La passion n'est pas une valeur sûre, elle est trop éphémère pour créer un lien. Selon les paroles de Rivarol, elle met plus d'ardeur à conquérir qu'à conserver.

L'amour n'est jamais libre il engage déjà au respect de l'autre dans la conscience que l'acte peut être créateur et par suite responsable. Le fait d'avoir réussi à tromper la nature a dénaturé l'acte sexuel en en faisant un jeu du plaisir.

L'amour n'est jamais pur, sinon pour quelques êtres d'exception dont nous faisons rarement partie.

"Le Graal n'est pas donné à tout le monde", nous dit Jean d'Ormesson. C'est certain, mais à qui la faute, si ce n'est à cette perfidie de la nature dans ses pulsions sexuelles pour aboutir à ses fins ?

C'est "l'état de nature" dont parle Freud, auquel non seulement la société n'a pas mis fin, mais qu'elle arrive même à revendiquer en glorifiant le plaisir.

C'est ainsi que Beaumarchais peut se gausser de "l'amour en tout temps" qui nous distingue des animaux. Faudrait-il en conclure que la société humaine est dégradante par rapport à la condition animale ?

Est-ce en ce sens que Freud et Marcuse, parlant de ce qui cherche à maîtriser l'état de nature et le refouler, peuvent accuser la société de "détourner l'activité sexuelle vers le travail" ?

Ne sont-ce pas plutôt les grandes idéologies utopiques de liberté qui ont conduit au laxisme, et placé le niveau moral au-dessous de la ceinture ?

Pour ces idéologies, “la liberté culturelle apparaît à la lumière de l’aliénation, et le progrès culturel à la lumière de la contrainte”.

C’est le prix qu’il faut payer, nous dit Marcuse.

Hélas, il faut bien reconnaître à l’hypocrisie des mentalités modernes combien sont solides les restes de la misogynie, que pendant des siècles les religions elles-mêmes ont favorisée, comme la Bible et le Coran.

Malgré les poussées fiévreuses d’un féminisme idéologique, militant et parfois belliqueux, tout concourt dans la culture, chez les médias et dans la publicité, à faire une femme-objet, dont la nudité est spectacle et tentation.

Pour ceux qui se contentèrent des élucubrations de Nanterre, de la Sorbonne et de Cohn-Bendit, il serait bon de lire les interrogations de Marcuse lui-même dans “Éros et Civilisation”.

Il écrit : “... J’ai fait appel dans ce livre au concept d’un mode d’existence non répressif… Mon hypothèse a souffert de graves erreurs d’interprétation… Une existence non répressive… si toutefois elle est possible, ne peut être que le résultat d’une transformation sociale qualitative.”

Et il ajoute :

“Le bonheur doit être subordonné à la discipline du travail en tant qu’occupation à plein temps (hélas !), à la discipline de la reproduction monogame et aux lois de l’ordre social.”

Que dire de plus ? L’acte créateur doit être responsable, et toutes les lois du monde, morales ou politiques, ne changeront rien aux lois naturelles de la biologie. Mariage ou non, rien ne pourra remplacer le besoin de longue protection que les mammifères exigent à la naissance.

Aucune loi ne remplacera l’amour maternel et la nécessaire stabilité de l’union du couple pour défendre et éduquer l’enfant de l’homme.

Le père et la mère doivent savoir qu'à sa naissance, le cerveau n'est pas terminé et que leur enfant aura besoin d'affection et de l'apprentissage des acquis que l'on imposera à ses neurones pour achever leur arborisation. De cela dépendront ses performances et ses qualités d'adulte.

Le docteur Itard n'a jamais réussi à faire parler l'enfant sauvage Victor, retrouvé dans les bois à douze ans.

Alors, si l'on veut parler d'amour, nous n'avons pas besoin des romans, des films ou des téléfilms d'aujourd'hui, qui ne parlent et ne montrent que de l'érotisme jusqu'à en vomir. Ils n'apprennent rien de l'amour.

Inscrire dans le programme culturel de seconde un roman comme "Moderato cantabile" est une infamie.

On ne meurt pas d'aimer, on se détruit.

Ce qu'il faut apprendre, c'est à être des "jardiniers d'enfants", écrivait Saint-Exupéry ; et "childgarden is too late", nous dit Susuki.

Savoir si l'amour est un but ou une fin pose avant tout une question culturelle.

On peut faire un but de l'amour, mais c'est oublier que l'homme, en plus du sexe, a un esprit, et c'est placer le sexe au-dessus de l'esprit, comme les premiers êtres vivants avaient le cerveau au-dessous du système digestif. Entre la tête et les pieds, si la nature a choisi une certaine distribution des principaux organes, c'est peut-être plus par hiérarchie que par simple rangement ?

Quant à demander si l'amour est une fin, comment en douter, puisque sans lui la vie n'existerait pas.

Le problème serait plutôt de savoir si c'est une finalité du tout ou seulement de la planète Terre, ce qui éliminerait le problème de l'éternité même de l'esprit.

Devant les tartufferies de la société jouisseuse, matérialiste, mondialiste et acculturée actuelle, où les anciennes niches écologiques disparaissent, l'amour est devenu le fruit d'un hasard mondial où les dernières différences phylogénétiques résiduelles disparaîtront.

La prise en masse d'une pensée unique, dont rêvait Teilhard, est déjà bien avancée. L'argent compte plus que l'amour, et la sexualité ramène l'homme à "l'état de nature".

La cellule familiale est détruite et "la famille est la cible constante des égalitaristes, qui aspirent a évincer les parents au profit de la collectivité", nous dit Henri de Lesquen dans "La Politique du vivant" (Albin Michel).

Lorsqu'il n'y aura plus aucun isolat génétique, que les génotypes auront disparu avec un seul type d'hérédité, et que les facteurs culturels auront façonné des comportements identiques, l'amour sera sûrement réduit à la plus simple sexualité, et l'embryon humain pourra alors se passer du ventre maternel pour naître par ontogenèse.

Certaines féministes, dont les amours étaient désertes, pourront alors se réjouir d'être vraiment les égales des hommes.

L'ESPRIT

"La femme vit que l'arbre était bon à manger, qu'il était agréable aux yeux, et qu'il était, cet arbre, désirable pour acquérir l'intelligence."
Bible Osty (Genèse 2,23 - 2,14)

"N'y aurait-il pas, par hasard, une condition à laquelle l'Univers doit absolument satisfaire pour que… l'Humanité, devenue consciente de son pouvoir et de son devoir auto-évolutif, sente constamment grandir en elle-même l'ardeur indispensable de découvrir et de créer ?"
Teilhard de Chardin (L'Apparition de l'homme)

"Le cerveau d'un être humain contient plusieurs centaines de millions de neurones, câblés de la même façon que les neurones du cerveau des reptiles… Mais il existe au-dessus de ce cerveau reptilien, une masse énorme comportant plusieurs milliards de neurones, vierges et non câblés pour la plupart au moment de la naissance, et prêts à absorber le fruit de l'apprentissage et de l'expérience de toute une vie."
Robert Jastrow (Au-delà du cerveau)

Qu'est-ce que l'esprit et l'intelligence ? Y a-t-il une différence entre l'âme et l'esprit, l'une gardant un sens métaphysique, alors que l'autre serait purement le produit d'une activité biologique.

Jean E. Charon, dans "L'Esprit, cet inconnu", accuse Laplace, Voltaire, Comte, Valéry ou les marxistes de nier l'existence de "quelque chose" qui s'appellerait "Esprit", et qui soit "descriptible indépendamment de cette autre chose nommée matière".

C'est bien là le problème que nous avons déjà évoqué à propos du verbe et des scories religieuses de notre vocabulaire.

"Le but du monde c'est l'idée ; mais je ne connais pas un cas où l'idée se soit produite sans matière ; je ne connais pas d'esprit pur ni d'œuvre d'esprit pur", disait Ernest Renan à Louis Pasteur pour son entrée à l'Académie française. C'est pourquoi le meilleur moyen de parler de l'esprit est encore de l'expliquer par la réalité matérielle de son instrumentation biologique, sans laquelle il n'existerait pas.

Dans le savant et merveilleux "Traité du Vivant" où Jacques Ruffié fait un parallèle entre phylogenèse et évolution transphylétique, l'auteur précise :

"Si l'on observe l'ensemble du règne animal, l'évolution présente, à long terme, un sens précis : celui du développement régulier du système nerveux et de l'accroissement du psychisme".

Pour ceux qui sont tentés de voir des faits surnaturels dans la merveilleuse architecture phylogénétique qui a rendu possible l'esprit, ou l'âme si vous préférez, il n'est nullement besoin de se poser la question de Cicéron : "Pourquoi ces faits surnaturels ont-ils disparu ? Ne serait-ce parce que les hommes sont devenus moins crédules ?"

Non, l'homme sait simplement combien de temps il a fallu pour cette phylogenèse, et les miracles ne se sont jamais faits en 600 millions d'années, ou ce ne sont plus des miracles !

La croissance du cerveau fut donc un phénomène général du monde animal, et cette encéphalisation s'est intensifiée depuis les vertébrés pour culminer avec les facultés mentales de l'homme.

Le comportement des individus selon les conditions d'environnement, apparaît dès les premiers êtres vivants avec des fonctions sensorielles ou motrices (protistes unicellulaires), et même une capacité de mémoire associative. Ce sont ces comportements dépendants de l'expérience individuelle que l'on désigne par le psychisme.

Or, selon Jacques Ruffié, le psychisme a suivi un développement quantitatif, avec un perfectionnement du système nerveux capable d'améliorer les comportements nécessaires à une meilleure adaptation dans l'environnement, et un développement qualitatif assurant le passage de comportements innés, génétiquement programmes à des comportements acquis.

"Le relaiement de l'inné par l'acquis, représente un temps essentiel de l'évolution", nous dit Jacques Ruffié, qui ajoute : "Les comportements innés liés a un programme génétique, sont rigides... Leur changement implique la remise en cause de certains allèles (gène héréditaire porteur d'un seul caractère), voire l'apparition de nouvelles combinaisons. Cette transformation qui suit la voie de la reproduction sexuée, exige de multiples générations et s'étale sur un temps très long."

Voilà qui confirme combien le rejet de Lamarck par les généticiens, comme Jean Rostand, pour ce qui concerne l'inscription génétique des caractères acquis, paraît discutable et difficile à démontrer dans le temps de l'échelle humaine.

Il apparaît alors que plus le niveau du psychisme est élevé, plus l'animal est capable de comportements réfléchis qui le libèrent des contraintes organiques.

Mieux, les comportements ainsi acquis dans le développement mental, peuvent conduire à des facultés de communication où les individus quittent le statut solitaire pour entrer dans un comportement social.

Ainsi ont pu s'organiser deux grands groupes sociaux dont toute la différence porte sur :

- les comportements innés liés, sans liberté, avec des programmes génétiques : abeilles, termites, etc.,

- les comportements acquis, où les individus sont capables de modifier librement leurs comportements.

Sur le plan philosophique, on voit immédiatement l'erreur commise entre ces deux groupes, quand les religions font l'amalgame de l'inné pour tous les animaux, en voulant extrapoler une différence psychique radicale entre l'animal et l'homme, entre l'âme don exogène, et l'inné évolutif naturel de l'animal.

Ce sont les comportements acquis qui firent la proculture, puis la culture et la civilisation de l'homme.

L'observation de l'évolution de l'encéphale vient confirmer toutes ces observations.

Il est acquis depuis Platon, Hippocrate, Galien, Descartes que tout le psychisme et les décisions intelligentes de l'homme ont leur centre nerveux dans le cerveau. La biologie moderne, avec la résonance magnétique nucléaire, a su explorer l'intense activité des électrons dans le cerveau, qui sont générés par le métabolisme du glucose consommé par les neurones, lesquels en utilisent dix fois plus que les autres cellules.

Toutes les recherches ont montré que la progression du poids du cerveau dans la série animale était proportionnelle à celle des capacités psychiques, aucune solution de continuité n'étant à enregistrer dans cette progression où, ici encore, l'ontogenèse dévoile tout ce qui reste inscrit dans l'architecture même du cerveau humain, avec tous les éléments primordiaux de la phylogenèse. L'éthologie confirme en tout point comment les animaux supérieurs ont des comportements intelligents qui n'apparaissent limités que par le manque de moyens de communication, comme l'élément essentiel de la parole.

Tout le psychisme humain devrait bien s'inspirer de cette leçon, en réfléchissant que nous sommes les plus grands prédateurs du monde, et que le règne animal n'a jamais été désigné pour l'esclavage au genre humain.

Tous ceux qui ont eu le privilège un jour d'apprivoiser un animal sauvage en lui laissant sa liberté, savent de quels comportements émouvants ils peuvent en être remerciés.

L'ensemble des recherches sur le cerveau montre enfin que la taille du cerveau n'est pas le critère le plus important, mais que c'est le rapport de cette taille avec le corps tout entier. C'est ainsi que la relation en poids avec celui du corps est de 1/10.000 pour la baleine, de l/600 pour l'éléphant, et de 1/130 pour le chimpanzé. Il est évident que le supersaurien de cent tonnes qui possédait un cerveau de 0,250 kg pour contrôler un tel poids de chair et d'os ne pouvait avoir qu'un comportement stéréotypé et fort peu intelligent...

On comprend aisément la constitution du cerveau humain lorsque l'on suit toute l'histoire de la phylogenèse et de son environnement, qui est l'histoire même de la Terre.

Pour ne parler que des mammifères dont nous descendons, ou plutôt nous "montons" pour respecter le noble langage du père Teilhard, il faut se rappeler les 200 millions d'années où s'est vraiment déroulée l'histoire de l'intelligence, et dont l'homme n'occupe que 1 % du temps écoulé.

Deux groupes rivaux existaient sur la terre ferme : les mammifères et les grands reptiles mammaliens ou dinosaures, herbivores et carnivores. Ils vivaient dans une période chaude du secondaire avec une flore de grands conifères, puis de plantes à fleurs et à fruits, suivant les bouleversements géologiques majeurs des climats et de l'éclatement des continents.

Les malheureux mammifères dont nous descendons n'ont qu'une possibilité de survie devant les "terribles lézards" dinosauriens carnivores, heureusement peu intelligents. Il faut se faire petit, se cacher, et il faut vivre, trouver son alimentation ; alors, que faire si l'on est privé de la vue parce que l'on ne peut sortir que la nuit ? La bionique n'a sans doute pas encore inventé le radar de la chauve-souris ou l'écoute des ultrasons de la mite alors, dans un univers d'odeurs et de nuit, l'indication olfactive doit être développée et les petits mammifères s'y emploient.

Mais une odeur animale ou végétale n'est pas une image. Elle n'est image que transposée dans une mémoire, et l'interprétation des odeurs exige une part mémorielle dans un cerveau plus important, pour y stocker toutes les expériences de la vie.

Le sens de l'ouïe est également utile dans la nuit, d'où le développement de cette autre partie du cerveau dévolue à l'audition chez les mammifères.

On comprend alors pourquoi le développement du cerveau primitif des mammifères l'emporta sur celui des grands reptiles.

Que serait-il advenu sans la disparition de ces derniers ? Faut-il voir dans cette disparition une finalité et la nécessaire correction d'une impasse de l'évolution ?

Y eut-il une catastrophe cosmique, ou la dérive des continents s'écartant de l'Équateur, avec les modifications climatiques d'une période chaude et humide vers une rigueur froide et sèche, a-t-elle eu raison des dinosaures ?

Des petits animaux à l'intelligence plus vive pouvaient trouver des stratégies de défense : creuser un terrier par exemple, pour se défendre des froids hivernaux.

C'était la force monstrueuse qui avait régné ; alors venait le temps de la ruse, voire de l'intelligence ! Une petite couche de matière grise se développa sur le cerveau primitif des mammifères réservé à l'olfactif, pour le coordonner avec les autres sens et devenir un centre nerveux de décision ; ce fut le néopallium qui, cent millions d'années plus tard, deviendra par extension les hémisphères cérébraux propres aux mammifères, et plus tard à l'homme.

Encore fallut-il que, les plus grands reptiles disparus, les mammifères puissent conquérir les espaces libérés à la lumière du jour, en améliorant la perception visuelle comme il en avait été de l'olfactif.

Mais l'analyse visuelle et le report à des images déjà mémorisées sont beaucoup plus complexes.

Là commence la comparaison du cerveau avec l'ordinateur, avec cette différence que c'est l'ordinateur qui imite le cerveau, tout l'avantage restant à ce dernier malgré tous les perfectionnements de la micro-informatique.

Ainsi, dans son évolution actuelle, le cerveau comprend deux parties aux dimensions inversement proportionnelles suivant les espèces auxquelles elles se rapportent : l'archéocortex des mammifères inférieurs ou rhinencéphale, particulièrement lié à la fonction olfactive, et le néocortex des animaux supérieurs qui atteint son plus grand développement chez l'homme.

Ce néocortex est à la fois le siège des opérations associatives et coordinatrices de la pensée abstraite et de la décision qui sont les bases mêmes de l'intelligence, et aussi "les pages blanches de la mémoire" où s'inscriront toutes les expériences de la vie.

Cela appelle une remarque capitale, à savoir que le cerveau fonctionne en circuit ouvert, et qu'à la naissance les "pages blanches" sont vierges, en ce sens que nous naissons avec un grand nombre de circuits privés de connexions. Cet ordinateur dont le câblage (le hardware) n'est pas fini de câbler, c'est à nous-mêmes de le terminer en faisant travailler nos méninges dans les sept ou dix premières années. D'où l'importance des acquis par l'éducation et la culture.

Dans ce câblage, chaque circuit du cerveau humain est connecté à cent mille autres circuits répartis dans les différentes parties du cerveau.

Le fait que ce câblage reste en partie ouvert à l'initiative de l'homme pose un grave problème philosophique, éducatif et culturel. Étant donné que la collectivité, dans la mode égalitariste actuelle, est de plus en plus responsable de ce câblage et qu'elle refuse toute sélection, il est de plus en plus à craindre, pour l'avenir de l'homme, que la loi de complexification chère à Teilhard de Chardin conduise à un cerveau futur, tourné vers la régression et la médiocrité.

"Le reptile et le mammifère primitifs sommeillent toujours en nous ; ils agissent parfois en accord avec les centres supérieurs du cerveau, et parfois contre eux ; de temps à autre, quand les deux mentalités s'affrontent et que la discipline de la raison (ou de la morale ?) se relâche momentanément, ils surgissent pour prendre le commandement" Robert Jastrow (Au-delà du cerveau).

Prenons garde que de mauvaises acculturations ne réveillent le cerveau primitif de l'homme !

L'évolution future du cerveau humain est donc plus que jamais tributaire de la vie sociale qui peut même influer sur certains éléments du cerveau de façon positive ou régressive, en faisant des acquis les véritables automatismes contredisant la liberté des circuits ouverts. Par exemple, combien d'automobilistes ne se sont jamais effrayés d'avoir parfois, détournés par une pensée préoccupante, piloté leur voiture pendant plusieurs kilomètres dans un véritable pilotage automatique ? Ils ont respecté les bas-côtés, la bande jaune, voire négocié un virage, sans en avoir conscience Qu'un imprévu se fût produit et c'était l'accident ! Ce pilotage automatique, c'est leur cervelet qui en a stocké le programme sans que vous eussiez eu besoin de faire appel à une pensée consciente. C'est une véritable régression vers l'inné ; prenons garde !

Ainsi l'homme peut "découvrir et créer" grâce à son intelligence et à son esprit.

Il n'est pas évident que jusqu'ici, par orgueil, il se soit toujours comporté intelligemment.

Son histoire est une telle suite d'erreurs et de crimes, vis-à-vis de la nature et de sa propre espèce, que l'on peut en douter.

Il reste confronté à un problème de valeurs dont la qualification ne lui vient de nulle part ailleurs que de lui-même. L'exemple du monde vivant, vis-à-vis duquel il n'avait, jusqu'à sa propre apparition, aucune responsabilité, ne lui a pas offert un exemple déontologique bien séduisant.

Vouloir sortir moralement du règne animal devrait, semble-t-il, conduire l'homme à une recherche spirituelle d'une autre élévation que celle d'un anthropocentrisme pour lequel les autres créatures, si elles pouvaient s'exprimer, diraient : Qui t'as fait roi ?

Devant toutes les guerres fratricides, tous les esclavages, toutes les misères actuelles, où sont les créations intelligentes, et le temps où l'Âge d'or l'emportera sur l'Âge de fer ?

Cruelle désillusion des temps modernes où Rabelais déjà prédisait que :

"Alors auront non moindre autorité,

Hommes sans foy que gens sans vérité :
Car tous suivront la créance et estude,
De l'ignorante et sotte multitude ;
Dont le plus lourd sera receu pour juge.
Ô dommageable et pénible déluge !"

LA CULTURE

"La vie humaine est culture… Le but de l'éducation est que l'homme s'éduque lui-même."
Jean-Paul II (UNESCO, 2-6-1980)

"L'homme a physiquement et psychiquement besoin de culture ; sans elle, il est infirme.
C'est la culture qui permet au cerveau humain de développer ses potentialités."
Henry de Lesquen (La Politique du vivant)

"Partout, les claquements rythmés, les danses, les cris, la liesse éhontée, le bouillonnement de tous les plaisirs, des plus cruels aux plus honteux… redevenez sobres, chastes, courageux, patriotes comme vos ancêtres…"
Saint Augustin (La Cité de Dieu - An 430)

"Nous parlons plutôt que nous ne pensons ; nous "sommes agis" plutôt que nous agissons nous-mêmes."
H. Bergson (Données immédiates de la conscience)

Culture. Civilisation. Voilà des mots que l'on entend toujours vanter avec une certaine complaisance, par tous les hommes politiques devant les foules.

Il est toujours facile et de bon ton d'en parler, mais si difficile d'en assurer la promotion.

"L'homme, hors de la civilisation", écrit Henry de Lesquen, "n'existe pas en temps qu'homme" (La politique du vivant).

Nous avons dit quelles étaient les raisons d'une culture précoce chez l'enfant pour développer toutes les potentialités de son cerveau dans ses jeunes années et pour en terminer le câblage, au risque, si on n'en fait rien, d'avoir Victor, l'enfant sauvage.

Alors : "... Non seulement il ignore les sciences, la musique, la peinture et tous les arts, non seulement il est dépourvu des idées et des valeurs susceptibles de donner un sens à sa vie, mais encore son esprit s'atrophie", ajoute H. de Lesquen.

Or, chaque jour nous entendons un ministre nous dire que l'enseignement confié à la collectivité est mauvais et que les méthodes d'éducation parentale ou d'État sont inefficaces, voire plus mauvaises qu'elles n'étaient il y a quelques décennies.

Notre culture et notre civilisation seraient-elles décadentes ?

Tous ceux qui connaissaient les États-Unis depuis la seconde guerre mondiale, et qui savaient déjà où nos responsables politiques à court d'idées vont chercher leurs copies, devinaient, devant la culture américaine, les ravages qu'elle nous apporterait.

Pour éviter une critique "modèle français", ce qui serait "politiquement incorrect" aux yeux du tout puissant lobby yankee, citons un Américain perspicace, auteur d'un livre remarquable, au titre évocateur : "L'âme désarmée" de Allan Bloom.

Dans cet essai sur le déclin de la culture générale américaine, Allan Bloom donne un tableau saisissant du sinistre cyclone idéologique qui a déferlé chez nous en mai 1968, devant un de Gaulle désemparé, qui n'avait pas, non plus que ses ministres, interrogé la météorologie culturelle.

On ne peut faire de la grande politique étrangère en oubliant l'essentiel de la politique culturelle interne.

Allan Bloom dénonce, avec une connaissance admirable de la philosophie politique, les origines de la situation actuelle de la même façon que Henry de Lesquen.

L'idée originelle a 25 siècles, et les Grecs en discutaient déjà, mais eux savaient estimer à leur juste prix les valeurs de leurs exportations culturelles et celles de leurs importations, dans la démocratie.

Depuis, nous avons eu droit à toutes les professions de foi des Machiavel, Hobbes, Locke, Rousseau et, plus généralement, des philosophes des Lumières accompagnés de tous les idéologues sociaux du XIXe qui nous promettaient l'Âge d'or.

Les biologistes n'y furent pas étrangers puisque Jacques Monod, aussi bien que le père Teilhard de Chardin, virent dans le social la seule finalité politique de l'homme, allant même jusqu'à la pensée unique qui est bien l'aboutissement de la pensée mondialiste actuelle.

Mais écoutons ce que nous dit Allan Bloom :

"Il ne faut plus être ethnocentrique... Ainsi le refus de distinguer devient-il un impératif moral... C'est le droit à la différence."

Curieux paradoxe, qui prône par ailleurs une pensée unanime ! Mais, si ce droit existe, n'ai-je pas le droit d'être en désaccord ?

Pour les jeunes Américains, le résultat c'est que l'on ne leur apprend plus l'histoire des États-Unis, non plus que celle des citoyens "que l'on considérait naguère comme des héros". La copie française est bonne !

"On obligea même les étudiants à suivre un cours consacré à une culture non occidentale, dans le but d'une communauté mondiale avec des membres sans préjugés." Que n'y avaient-ils pensé plus tôt, avec les Indiens et les esclaves noirs ?

Aujourd'hui, en Amérique, dit Bloom, la philosophie est rejetée. "La vraie science n'a pas besoin de philosophie, il n'en reste plus que des livres sur un rayon. Elle n'est plus un mode de vie. Les sciences dites exactes et l'historicisme en sont les grands adversaires modernes."

Et cela n'est même pas vrai, puisque Reagan a exigé l'enseignement du créationisme de la Bible parallèlement à celui de la théorie du darwinisme !

Bloom fait-il le procès de l'Amérique ? Non, il l'aime, mais craint pour son avenir et pour le nôtre !

Fait-il le procès de la jeunesse ? Non, il l'aime, mais son anxiété croît. Il a vu se répandre, en Europe non moins qu'aux États-Unis, un style d'éducation et un mode de vie qui rendent les jeunes de plus en plus incapables de faire face noblement, intelligemment ou même raisonnablement aux grandes actions de la vie humaine : l'amour, la famille, la citoyenneté, la recherche d'une vérité.

Bloom nous invite à retrouver ce trésor que les Universités, soucieuses "d'utilité et de scientificité", et les Églises, "ivres de popularité et d'ouverture", ont mis sous le boisseau : notre âme, ou plus simplement notre conscience !

Nous avons vu ailleurs les remords et les doutes manifestés par Herbert Marcuse, cet Américain qui nous a valu le cyclone culturel de mai 1968.

Pour bien comprendre le lien entre l'histoire phylogénétique de l'homme, dans la thèse évolutionniste darwinienne universellement acceptée de nos jours, et les idéologies du comportement humain moderne, il nous faut parler d'une science nouvelle qui nous vient encore d'Amérique : la sociobiologie.

C'est en juin 1975 qu'un universitaire de Harvard, Edward Wilson, créa cette science qui prétend étudier toutes les bases biologiques des comportements sociaux, humains ou animaux. Le problème peut se définir comme l'optimal des gains génétiques obtenus suivant les comportements, pour transmettre les gènes les plus aptes à la survie. On devine tout de suite les idées politiques des comportements culturels optimaux que l'on pourra greffer sur ces théories, avec les impératifs moraux culturels que l'on cherchera à imposer.

Comme Marx et Engels acceptèrent, puis rejetèrent Darwin pour la "lutte des classes", la sociobiologie a tiré le meilleur ou le pire des lois d'évolution darwiniennes en les traitant tour à tour de science "réactionnaire" ou "progressiste".

C'est Henry de Lesquen qui, présentant son livre "La Politique du vivant" au directeur d'un grand hebdomadaire parisien, s'entendit répondre : "... je comprends que vous soyez attirés par le discours scientifique… Quant à la biologie, c'est une autre affaire…, c'est une science réactionnaire !"

C'était la réponse stalinienne, selon laquelle il existe deux sortes de sciences, une mauvaise, réactionnaire, et l'autre bonne, progressiste parce que "conforme au sens de l'histoire".

Qu'est-ce donc alors que l'histoire humaine, et sa fin, après deux millions d'années ? Ne serait-elle inscrite que depuis quelques décennies par les maîtres à penser idéologiques, socioculturels ?

Sans entrer dans le détail des événements culturels qui ont bouleversé nos comportements et fait régresser notre civilisation vers des printemps qui ne chantent plus, nous pouvons reprendre les traits saillants de ces bouleversements, tout en invitant le lecteur courageux à s'instruire de l'analyse claire et complète de Jacques Ruffié, professeur au Collège de France et à la New York University. On y trouvera toutes les tentatives de dévoiement et de manipulation des concepts darwiniens sur la sélection naturelle et la lutte pour la vie.

Les querelles religieuses nées sur l'œuvre de Darwin renaissent donc sur des interprétations idéologiques. Le succès de sa théorie reposa au départ sur deux méprises :

- L'idéologie dominante du XIXe siècle, avec l'expansion industrielle à laquelle la théorie darwinienne paraissait apporter une justification scientifique.

- L'apparition du prolétariat et du machinisme facteur de chômage, d'exploitation et de misère, comme l'aventure coloniale, qui sont en fait régressives.

"En proposant un modèle de l'évolution fondé sur la variation, la lutte, l'élimination et la sujétion, nous dit Jacques Ruffié, le darwinisme va légitimer l'inégalité des classes à l'intérieur du pays, celle des races à l'extérieur. Et cette lutte sera considérée comme le moteur même du progrès. Par-là, le schéma darwinien aura un impact immense sur la sociologie et la politique de son temps."

Cette interprétation est plus que jamais acceptée par la classe politique et les sociobiologistes, qui cherchent à lui donner une valeur scientifique, quand on n'ira pas jusqu'à justifier une bioéconomie en soutenant que : "le capitalisme est inscrit dans nos gènes"! C'est ce que nous explique Yves Christen dans "L'heure de la sociobiologie" à propos du congrès organisé en 1978 par l'Association des économistes américains.

Nous voyons toujours d'où venait la bonne parole !

Ceux qui suivaient en 1982, comme je le fis, les conférences de Garello en France sur l'économie de marché, et sur Von Hayek, Prix Nobel d'économie, savaient ce qu'il adviendrait.

Ainsi chez les sociobiologistes où "il n'est question que de coût et de bénéfice, … on tend à suggérer que la nature est organisée sur les mêmes principes que l'économie de marché !" Richard Alexander résume les deux principes de cette tartufferie évolutionniste :

- Tous les organismes doivent évoluer pour maximaliser leur aptitude globale.

- Tout acte de bienfaisance ou d'altruisme se traduit par une dépense plus grande que le gain obtenu.

Voilà qui rejoignait la pensée de Von Hayek : "... il n'y a pas de justice sociale, c'est le marché qui fait la différence !"

Wilson et la sociobiologie conduisaient ainsi directement à remettre en cause les acquis sociaux.

Que le socialisme honnête se soit laissé piéger par cette bioéconomie pose un cas de pathologie mentale ou de sénilité précoce.

Les méfaits de la sociobiologie vont plus loin.

Dans "Le Traité du vivant", Jacques Ruffié écrit dès 1982 : "Au cours des récentes décennies, la réalité du pouvoir est passée des mains des États politiquement constitués à celles des Sociétés transnationales qui, par les grands pays capitalistes (surtout États-Unis), ont envahi le vieux monde et pénètrent maintenant dans les démocraties populaires… Franchissant les frontières, n'ayant cure des besoins réels des peuples, elles manipulent les prix, contrôlent les marchés et spéculent sur les monnaies, à la barbe des gouvernements asservis et ignorés."

Elles délocalisent, s'implantent où les salaires sont faibles et sans charges, et certains gouvernants vont jusqu'à être leurs commis voyageurs dans leurs brillants voyages internationaux.

On peut relever encore plus loin les conséquences des interprétations sociobiologiques erronées.

Toutes révèlent une idéologie sous-jacente où l'on trouve toujours des exemples qui s'accordent avec la théorie, sans prouver qu'elle soit juste.

Par exemple les caractères naturels de la dominante chez les mammifères, qui conduisent au sexisme et au féminisme chers à Simone de Beauvoir dans le procès de la maternité, avec ce paradoxe biologique : "On ne naît pas femme, on le devient !"

Ou encore dans la trop célèbre école du behaviorisme, créée par le psychologue américain (toujours) John Watson, inspirée par les études soviétiques de Pavlov sur les réflexes conditionnés, et dont les conclusions en société de marché sont :

"Si nous sommes impuissants à résoudre de nombreux problèmes auxquels nous nous heurtons sur le plan personnel, national et international, c'est que nous n'osons pas pénétrer dans le domaine interdit des techniques permettant d'amener les autres à faire ce que nous voulons qu'ils fassent. Il faut changer la nature humaine" (Ernest Dichter, prés. of Institute for Movational Research).

Le grand capitalisme a rejoint le soviétisme.

"La technique n'a pas de valeur morale en soi ; tout dépend de l'usage que l'on en fait : elle peut servir l'homme comme l'asservir. Plus la technique devient performante plus le danger est grand de la voir dévoyée", écrit Jacques Ruffié (Traité du vivant).

Et, devant l'explosion de l'informatique, il ajoute :

"Qui ne voit le danger de fabriquer en quelques années à partir des mêmes banques, des individus stéréotypés qui ne connaîtront plus ce qui fait notre grande richesse : le polymorphisme culturel."

Devant toutes ces menaces, bien réelles aujourd'hui, qu'avons-nous fait sur le plan culturel pour le décollage des cerveaux ?

La famille, qui joue un rôle irremplaçable et primordial pour l'éducation des enfants, est la cible constante d'un égalitarisme visant à évincer les parents au profit de la collectivité, pour une meilleure égalité de l'instruction. Idéologiquement, on y rejoint l'acculturation behavioriste, avec un mélange d'égalitarisme et d'élitisme.

Égalitarisme avec la formule de Gaston Bergery (1930), de "l'égalité des chances", déjà reprise par Pétain, qui conduit au lit de Procuste, avec un "nivellement par le bas" refusant la sélection naturelle ; ou au contraire "élitisme", comme la réforme de l'enseignement mathématique faite pour une élite.

On ne pouvait mieux préparer dans la duperie la fracture sociale et les nouveaux esclavages.

Les outrances du féminisme, et l'exigence d'un deuxième salaire, ont réussi à détruire la famille.

Ainsi, tout ce qui nous est venu, ou nous vient encore d'Amérique, a été tourné vers la préparation stéréotypée des comportements favorables à la force motrice de l'économie parce que, nous dit-on, "elle est inscrite dans les gènes de chaque individu".

Le capitalisme et l'économie de marché sont vécus comme une religion que l'on tente de justifier scientifiquement et moralement, comme le fit le marxisme.

On interdit même tout comportement altruiste, puisque "l'existence d'une base génétique des comportements humains rend impossible la réalisation de certaines idéologies". Que les Occidentaux soient piégés par ces théories, comme l'ont été les peuples de l'Est, quoi d'étonnant ? Mais que les hommes politiques qui nous gouvernent se soient laissé duper, reste beaucoup plus inquiétant !

Aujourd'hui où l'échec est évident, où le capitalisme est en pleine crise, ruinant la majorité pour enrichir une minorité, où son vrai visage est en contradiction avec toutes les promesses électorales, les transnationales par leurs monopoles ont mis fin à la libre concurrence.

Et Jacques Ruffié peut écrire :

"Le capitalisme était conduit par l'effet de sa propre logique à vicier la loi de l'offre et la demande, à réduire jusqu'à l'extinction la liberté de concurrence, et donc à renier les principes sur lesquels il fondait son système. Le capitalisme ne vit qu'en s'entre-dévorant !"

Fallait-il ruiner notre économie, notre culture et notre civilisation pour donner un Prix Nobel d'économie à M. von Hayek ?

Que ce soit l'économie politique qui vienne ruiner la culture et la civilisation, c'est ce que nous ne pouvons tolérer.

Jacques Ruffié s'explique brillamment sur la continuité de l'évolution : "... au lieu de fabriquer des espèces, les hommes ont créé des civilisations... Même si elle était encore concevable, l'évolution biologique du rameau humain n'aurait plus le temps de s'accomplir. Elle exige de longues périodes sans commune mesure avec l'accélération permanente de l'évolution culturelle... L'accession du rameau humain au palier psycho-social a marqué la fin de l'évolution biologique."

Voilà bien le plus grave !

Et Jacques Ruffié ajoute : "L'homme n'a pas de nature : il a une histoire !" (Traité du vivant).

Soit ! Alors respectons cette histoire qui est celle de tous ceux qui nous ont faits ce que nous sommes !

Et si le polymorphisme doit être conservé en société culturelle, refusons que cette société culturelle choisisse comme exemple la plus mauvaise histoire.

Le modèle américain, serait-il le meilleur seulement par son "melting pot" biologique et culturel, lui qui n'a justement pas "d'histoire" ? Ou bien est-ce un modèle de valeurs que nous devons choisir ?

Un modèle de valeurs qui n'autorise pas des régressions de l'humanité.

Voilà pourquoi je ne partage pas les conclusions de Jacques Ruffié sur son "Utopie réaliste".

L'isolement des meilleurs restera préférable pour défendre un véritable humanisme, tant que la conscience planétaire autorisera les gènes égoïstes des plus riches à gouverner le monde !

Dire "qu'en vérité le sapiens n'a pas atteint sa plaine humanisation culturelle" qui ne peut être le fruit d'aucune modification biologique, mais d'une nouvelle intégration sociale" (Le Traité du vivant), c'est oublier le danger qui existe entre la lente micro-évolution génétique primant la sélection naturelle et égoïste de survie par les lois de la jungle, et la brutale macroévolution enivrée par l'explosion des retombées techniques dues aux nouvelles connaissances humaines.

Depuis "Le Traité du vivant" de Jacques Ruffié en 182, tout nous montre, loin d'une utopie, que ce danger grandit et que les démocraties, avec un suffrage antisélectif, ne tiennent pas leurs promesses. La paresse intellectuelle des élus, et une médiatisation culturelle mondiale pour une pensée unique, ne font qu'étouffer l'esprit critique.

Ainsi, entre "le pouvoir et le devoir auto-évolutif" chers à Teilhard de Chardin comme à J. Ruffié, l'Humanité semble bien ne pas savoir raison garder.

Depuis les Grecs de Périclès, "les invariants culturels" en démocratie n'ont jamais conduit la multitude à primer l'esprit sur les gènes égoïstes.

L'histoire démocratique des peuples nous montre cette invariance avec toutes les erreurs de la ploutocratie, de l'oligarchie, voire de la dictature, qu'elle soit franche ou larvée, prolétarienne ou capitaliste, et qu'elle s'appelle Alcibiade, Hitler ou Staline.

La Révolution française n'a-t-elle pas accouché d'un Empire ?

La sottise est un vaste océan au miroir de grande brillance utopique, qui cache les abysses noirs et inquiétants des erreurs humaines.

ÇA NE MANGE PAS DE PAIN

"Quiconque refusera d'obéir à la volonté générale y sera contraint par tout le corps ; ce qui ne signifie autre chose sinon qu'on le forcera à être libre."
Jean-Jacques Rousseau (Contrat social)

"Le grand mérite de Rousseau lui-même est d'avoir commencé sa réflexion en s'interrogeant sur la nature de l'homme à partir des connaissances scientifiques de son temps. Il est vrai que l'angle d'attaque - l'inégalité - était propre à le fourvoyer dans un discours subjectif et moralisant ; la science n'était d'ailleurs pas, à son époque, assez assurée pour l'empêcher de prendre ses désirs pour des réalités. Ses disciples, nombreux parmi les sociologues et les anthropologues contemporains, n'ont pas les mêmes circonstances atténuantes."
Henry de Lesquen (La Politique du vivant)

Le grand mérite que Rousseau n'eut malheureusement pas, eût été de s'interroger sur sa propre nature, et sur l'abandon de ses cinq enfants à l'Assistance publique !

Cette remarque faite, partageons la réflexion de Henry de Lesquen, sur tous les sociologues, anthropologues et sociobiologistes contemporains du monde, qui, "la science étant aujourd'hui assez assurée pour les empêcher de prendre leurs désirs comme des réalités, n'ont plus de circonstances atténuantes".

Car, force est de voir les résultats de leurs actions sur le devenir de l'humanité.

La locution "Ça ne mange pas de pain" a un sens commun évident; le pain étant le dernier bien inaliénable pour la survie des pauvres, on devine tout de suite le sens économique. Cela veut dire que le coût étant l'ennemi de la rentabilité, suivez mon regard, le pain coûte encore trop cher et l'économie de marché s'y refuse !

On évitera donc les "mangeurs de pain", et on les confiera au chômage.

Cela n'est pas social, direz-vous, les démocrates sociaux n'accepteront jamais ?

Question de poids. En démocratie on compte ses électeurs, les sondages sont là pour ça. Tant que les chômeurs ne seront pas trop nombreux, que la charité publique leur subviendra suffisamment et qu'ils s'abstiendront parce qu'ils n'ont plus de chaussures pour aller voter; tant qu'ils ne seront pas majoritairement crédibles et que le manque à gagner des rentrées fiscales n'alourdira pas trop le budget, alors on laissera "le temps au temps !"

Et puis, voyez-vous, les politiques ne connaissent pas le prix du pain : ils mangent de la brioche !

C'est d'ailleurs une vieille histoire.

Déjà les Grecs du temps de Périclès avaient leurs pauvres, seulement voilà : ils étaient plus malins.

"Ils avaient des esclaves pour traire leurs vaches", nous dit André Malraux. L'esclavage, ça arrangerait bien les sondages sur le chômage !

Mais aujourd'hui ?

Avec les trayeuses à vaches et sans esclaves, que pouvons-nous faire ?

Pourtant, il y a toujours des esclaves, mais on veut qu'ils mangent le moins possible de pain pour que les boulangers puissent faire des pâtisseries et de la brioche : c'est le Progrès, non ?

Car l'esclavage, il a seulement changé de nom !

Il n'y a pas d'esprit sans verbe, nous vous l'avons montré, mais aujourd'hui le progrès a joint l'image au verbe, c'est plus percutant pour l'esprit !

Avec le progrès, toujours, on a rendu le verbe et l'image invisibles, pour venir chez vous sans frapper, et même sans ouvrir la porte. Ils rentrent dans les châteaux ou les chaumières en passe-murailles.

Les médias, monopolisés par la haute finance, en prodiguent la pensée universelle, et la publicité des acquis qui conditionnent les comportements stéréotypés des nouveaux esclaves.

Les oligopoles des transnationales en économie sont ainsi doublés des oligarchies des régimes politiques que la démocratie grecque a connues bien avant nous.

Les oligarchies sont les clientes des oligopoles, pour payer leurs élections, et elles rendent la monnaie ensuite, en se faisant les commis voyageurs du capital et des marchands de canons.

Ainsi Rabelais avait bien raison dans son énigme de l'abbaye de Thélème "les imbéciles sont toujours pris pour juges".

Mais puisqu'il nous recommande de rire, rions avec lui.

En dernière heure, lorsque les politiciens d'Europe se sont réunis en grande cérémonie à Madrid pour se pencher gravement sur le berceau de la monnaie unique européenne, ils ont longuement cogité sur le nom du nouveau-né.

Grave problème qui nécessitait autant de cerveaux de haute fonction, bien qu'il n'eût guère passionné les peuples !

Après de longues palabres, le nom "Euro" finit par l'emporter ; ce à quoi la Grèce, ce petit pays de grande histoire mais de faible poids économique au G7, ironisa en prononçant le mot "ouro", qui veut dire "urine" en grec moderne ! Les Ethnologues, spécialistes des comportements animaux, savent bien que toutes les bêtes marquent le territoire vital qu'elles se réservent avec leurs mictions.

Ainsi, nous ne dérogeons pas aux lois animales en marquant la zone européenne avec un "ouro", comme d'autres marquent le leur, avec le dollar ou le yen.

Décidément, malgré les hommes, rien ne change de leur nature animale sous le soleil !

JUSQU'À CE OUE LE SOLEIL MEURE

"On vit pour aujourd'hui, on vit très vite. On vit sans aucune responsabilité ; c'est précisément ce qu'on appelle la "liberté". Tout ce qui fait que les institutions sont des institutions est méprisé, écarté ; on se croit à nouveau en danger d'esclavage dès que le mot "autorité" se fait seulement entendre."
F. Nietzsche (Le Crépuscule des idoles)

"Notre planète se retrouvera dans le froid absolu, sous un ciel constellé d'étoiles encore plus visible qu'aujourd'hui, mais qu'aucune aube ne viendra blanchir."
Jacques Ruffié (Traité du vivant)

"Traditionnellement, en Grèce comme chez les autres peuples d'Europe, on considère que le destin s'incarne et que par lui, l'homme acquiert une dimension sacrée. Il l'accepte et le prend en charge comme quelque chose d'absolument inévitable, mais qui pourtant provient de lui."
Henry de Lesquen (La Politique du vivant)

Avec "Presque rien sur presque tout", Jean d'Ormesson nous dit avoir écrit un roman, un roman sur le tout.

Un roman suppose l'amour, Éros et Thanatos, mais l'histoire de la vie est-elle vraiment une histoire d'amour ? Elle est solidaire de celle de la matière, et la matière n'a pas d'amour. Sans elle cependant il n'y aurait pas de vie; elle est l'ancêtre de la vie et par là même de l'homme, et sans l'homme il n'y aurait ni spectateur, ni esprit pour comprendre la vie et pour en parler.

Je n'ai pas écrit un roman mais, comme tout homme qui s'interroge sur le destin dont la fin lui échappe, j'ai voulu chercher le sens que les découvertes des hommes de science autorisent à justifier.

Ce sont leurs pensées, à l'écart de toutes croyances métaphysiques, qui ont nourri mes propres méditations, avec, lorsque certaines avancées m'ont paru incertaines, une réflexion critique.

Dans cette démarche où le grand livre de la nature est seul ouvert, le vrai et le faux, le beau et le laid n'ont de sens que situés dans le tout.

Décrire l'histoire du tout exigerait de connaître sa naissance, mais la relativité de l'existence humaine par rapport au temps supposé du tout rend bien puérile la recherche. L'essentiel n'est-il pas de nous ressourcer dans cette relativité, pour écarter tout orgueil anthropocentrique, et mesurer pleinement l'insignifiance de notre être dans le temps, dans les deux infinis, comme dans notre appartenance au vivant ?

Chaque jour nous apprenons le comment, mais le pourquoi nous échappe et notre psychisme nous conduit à déchiffrer des erreurs et des paradoxes, dont le jeu nous semble trop souvent cruel.

Mais l'homme aime le jeu, et il dit : Pourquoi pas ?

Seule la conscience de l'histoire du tout le ramène à l'étroitesse de son microcosme dans l'infiniment grand, et à son aveuglement devant l'infiniment petit.

L'histoire de son animalité lui conseille aussi quelque prudence dans ses manipulations.

Il sait, sur sa petite planète, qu'il y a :

- plus de ténèbres que de lumière,
- plus de vide que de matière,
- plus de chaos que d'ordre,

- plus de morts que de vivants.

Et enfin il sait qu'il n'y a pas de présent qui ne soit déjà dans le passé pour aller dans le devenir, et qu'il n'y a pas de déterminisme, mais seulement des exceptions, champ des libertés permises à son esprit.

Il apprend que de grandes catastrophes cosmiques peuvent toujours se reproduire, cataclysmes volcaniques, collision de météorites ou extinction de la lumière de notre étoile, mais que peut-être, c'est l'homme lui-même qui reste le plus grand danger.

La vie ne créera pas de nouveaux "terribles lézards", puisque l'homme a domestiqué la terre, mais l'homme créera lui-même ses propres monstres.

"L'ère de la vie fondée sur la chimie du carbone touche à son terme sur cette planète", prédit Robert Jastrow dans "Au-delà du cerveau". Voici que débute une ère nouvelle, celle d'une vie basée sur le silicium, indestructible, immortelle et expansible à l'infini... Les machines ultra-intelligentes collaboreront avec les esprits les plus brillants, unissant la puissance du raisonnement de la machine à l'intuition de l'homme."

Belles et orgueilleuses paroles qui ne sont pas sans critique. Toutes les cartes magnétiques du monde ne vaudront plus rien lorsque les ordinateurs n'auront plus, comme le cerveau, d'énergie électrique pour les traduire.

Mais aussi quel danger terrible pour la vie privée des hommes lorsqu'ils seront tous fichés ! C'est le cri de Jacques Ruffié dans "Le traité du vivant".

"Une société mise toute entière sur fiche magnétique ferait de l'homme le prisonnier de son passé. Elle le fixerait dans un cadre définitif dont il ne pourrait plus se libérer."

Ainsi de saint Augustin qui avait eu une maîtresse et un fils naturel, ou de Staline qui fut un timide et pieux séminariste. Pourtant, nous sommes déjà partiellement fichés, et le fisc connaît mieux que vous-même votre patrimoine, sauf avec les malins !

Les méchants peuvent donc devenir bons, et les bons peuvent devenir méchants.

C'est ce que dit encore la sociobiologie des comportements dans cette remarque d'Albert Vandel :

"Avec le développement des comportements acquis, le vivant échappe à la tyrannie de ses gènes ; ce mouvement privilégié n'est autre que l'apparition de la liberté dans le monde !"

Gardons l'esprit critique, la liberté c'est bien autre chose que cette "utopie réaliste" qui change seulement de tyrannie !

La liberté de l'homme c'est de se cultiver lui-même, c'est la quête critique hors des acquis dirigés, des a priori et des dogmatismes, pour combattre le gène égoïste de survie individuelle, et privilégier la survie collective la plus apte, en soumettant les intérêts particuliers à l'intérêt général.

C'est en ce sens, contraire à l'économie de marché, entre culture et humanisme, que j'ai cherché une pensée synthétique dans les certitudes d'autres hommes mieux instruits et plus pertinents, afin de bâtir un préliminaire méditatif pour tous ceux qui n'ont pas, ou ne prennent pas, le temps d'une recherche libre.

Il n'y a pas de livre total. La Bible et le Coran sont de jolis livres de contes, sans certitudes.

L'homme est seul devant son destin, dans une société qui traverse la plus grave crise de son histoire.

La bibliothèque de l'humaniste contient autant de livres écrits par des opposants que par des amis.

Il n'hésite pas, dans le silence de la lecture, à exposer sa conscience au feu de la contradiction.

Dans le calme, sans l'émotion des disputes et l'amour-propre du dernier mot, il se place objectivement en tiers, entre sa propre conscience et celles des autres. Sous les coups des thèses adverses, il voit souvent sa vérité s'ébrécher, et parfois éclater.

Alors, les morceaux qui ont résisté lui paraissent d'un plus vif éclat. Il reconnaît les failles, et le ciment qu'il emploie pour les recoller lui acquiert la certitude que la vérité n'est pas monolithique, mais que c'est une mosaïque d'autant plus belle qu'il l'a enrichie des pierres de vérité des autres.

Rien ne sert de se rallier seulement au Camp des saints, lorsque sonnent les trompettes de l'Apocalypse ! Sinon, "... nous ne verrons pas de ciel nouveau ni de terre nouvelle", et "notre salaire ne sera pas avec nous pour rendre à chacun selon qu'est son œuvre". (Apocalypse 22,1 - 22,9)

THANATOS ET LE VA-TOUT

"La langue française n'a qu'un mot pour désigner à la fois les jeux d'enfants, les jeux du cirque et les jeux du hasard. Le plaisir intellectuel complète le plaisir de gagner dans les jeux de cartes, d'échecs et les jeux similaires ; l'attrait de l'incertitude, le défi du sort interviennent seuls dans les jeux de hasard... Ils sont dangereusement étendus dans les jeux aux lots gigantesques organisés par les États."
Jean Vague (L'Aurore au gué du Iaboc)

"Pourquoi chétif laboureur,
Trembles-tu d'un empereur,
Qui doit bientôt, légère ombre,
Des morts accroître le nombre ?"
Pierre de Ronsard

Nous sommes arrivés au terme de cet essai, comme nous arriverons au terme du voyage.

L'existence n'aura été qu'un jeu, et voici la dernière partie, celle où nous engageons tout notre avoir : ce qui nous a été donné, et ce que nous avons acquis.

La vie a joué avec nous et nous avons joué avec elle. Le jeu est fini, le Chaos veut reprendre ses dés et il nous invite au Va-Tout, en se moquant de la mise.

Seuls ceux qui ont pris au monde plus qu'a mérité leur œuvre, regretteront la part matérielle de leur fortune, mais tous auront une amertume en perdant l'acquis dc leur conscience, dont ils ont seuls le mérite.

Thanatos ne fait pas le détail.

Personne n'aime beaucoup penser à son heure dernière, encore qu'il vaudrait mieux y penser avant, comme le suggère sagement Marc-Aurèle, pour préparer la sortie, tant que l'esprit en a la force et la lucidité.

Une seule chose est odieuse : c'est la souffrance !

S'il y avait une finalité autre que le hasard et l'aléatoire, elle pourrait au moins nous épargner la douleur. Mais cela, aussi, n'est pas dans la règle du jeu. La mort ne sait pas elle-même quand, comment et où elle viendra. D'ailleurs, il arrive souvent que l'homme en prenne le rendez-vous lui-même et que, comme en amour, personne ne l'oblige à passer par là !

Einstein ne croyait pas qu'un dieu jouât aux dés ?

Dieu n'ayant jamais convié l'homme à partager ses intentions, la génétique, dans son évolution, nous montre assez clairement qu'elle se sert des dés.

À la cérémonie funèbre de Notre-Dame, pour Mitterrand, le cardinal Lutziger a rappelé un mot du défunt devant le corps de l'un de ses amis mort :

"Lui seul, parmi nous, ne sait pas qu'il est mort !"

On peut ne pas aimer un homme, mais rien ne nous oblige à refuser de citer une de ses pensées, lorsqu'on la juge la plus véridique et la plus consolatrice. Au moins, nous n'aurons pas à souffrir de cette souffrance-là.

Alors, comme en consolation au "nevermore" du poète Edgar Poe, jamais plus nous ne connaîtrons la douleur morale ou physique dans le néant existentiel.

Que la paix soit donc avec l'esprit de tous les hommes de bonne volonté !

Avril 1996
R. ROUSSE

TABLE

TROIS FOIS RIEN POUR UN VA-TOUT